평가에 확신을 더하다

평가에 확신을 더하다

발행일 2023년 5월 15일

지은이 강동훈, 박다인, 이경우, 이승원, 표지현, 하수경
펴낸이 손형국
펴낸곳 (주)북랩
편집인 선일영 편집 정두철, 배진용, 윤용민, 김부경, 김다빈
디자인 이현수, 김민하, 김영주, 안유경 제작 박기성, 황동현, 구성우, 배상진
마케팅 김회란, 박진관
출판등록 2004. 12. 1(제2012-000051호)
주소 서울특별시 금천구 가산디지털 1로 168, 우림라이온스밸리 B동 B113~114호, C동 B101호
홈페이지 www.book.co.kr
전화번호 (02)2026-5777 팩스 (02)3159-9637

ISBN 979-11-6836-854-5 03370 (종이책) 979-11-6836-855-2 05370 (전자책)

(주)북랩 성공출판의 파트너

북랩 홈페이지와 패밀리 사이트에서 다양한 출판 솔루션을 만나 보세요!

홈페이지 book.co.kr • **블로그** blog.naver.com/essaybook • **출판문의** book@book.co.kr

작가 연락처 문의 ▶ ask.book.co.kr

작가 연락처는 개인정보이므로 북랩에서 알려드릴 수 없습니다.

여섯 명의 현직 초등교사들이 이야기하는
── 메타인지 측정 확신평가 ──

평가에 확신을 더하다

✛ 강동훈 · 박다인 · 이경우 · 이승원 · 표지현 · 하수경 ✛

🐦 북랩

경남초등교육평가연구회에서는 '평가는 교육과정의 나침반'이라는 기본 생각을 바탕으로 코로나19라는 위기 속에서 '학습의 과정을 중시하는 지필평가, 자신의 학습을 성찰할 수 있는 지필평가', 즉 '확신평가'를 기초학력과 연결하여 지난 3년간 연구해 왔습니다.

확신평가란 평가를 하는 과정에서 자신의 답을 스스로 확신하는 정도를 함께 표시하는 평가 도구이자 평가 방법을 의미합니다. 공부하는 행동만으로 공부를 잘하고 있다는 '공부 착각'은 매우 흔하고, 또한 시험 점수만으로 그 학생의 능력을 판단하는 오류를 우리는 쉽게 범하기도 하지요. 요즈음 떠오르고 있는 '메타인지(Meta cognition)'는 자신이 아는 것과 모르는 것을 구별하고 문제점을 해결해 자신을 객관적으로 볼 수 있는 능력을 말하는데, 본 연구회가 연구하고 있는 확신평가가 이를 키우는 데 도움을 줄 수 있을 것입니다.

생소하고 선행연구가 부족한 상황에서 어려운 연구에 함께하여 힘든 첫 길을 열어주신 연구위원님들께 진심으로 감사드리며, 이 책이 우리 연구회의 회원은 물론 교육평가에 관심이 있는 교원들에게 작게나마 보탬이 되기를 바라보며, '줄 세우기는 방향이 중요합니다'라는 평가의 방향성에 대한 글로 서문을 갈음하겠습니다.

줄 세우기는 방향이 중요합니다.

"누군가 세로로 세우려 해. 나란히 가로가 어울린 우릴"

2017년 월간 윤종신 1호에 담긴 '세로'라는 곡의 후렴 부분에 나오는 가사입니다. 노래 가사가 교육 현실과 맞닿아 있어 공감했습니다. 학생들을 세로로 줄 세우며 좋은 대학에 입학하는 것을 최고의 가치로 여기는 우리 사회의 현실, 그 씁쓸함을 알고도 그 경쟁사회에 뛰어들 수밖에 없는 제한된 시스템과 교육제도, 이러한 현실 속에서 우리는 학생들 저마다의 특색을 살려 모두가 나란히 가로로 손잡고 설 수 있는 날을 기대해 봅니다.

우리가 학생들을 가로로 바라본다는 것은 어떤 의미일까요? 바로 학생 개개인의 고유성을 인정하고 존중하는 마음가짐입니다. 우리는 교육자로서 때로는 '학생이라면 이렇게 행동해야지'라는 생각을 은연중에 하는 것은 아닐지 스스로 반성해 봅니다. 그렇게 행동할 수밖에 없는 이유에 대해서는 고민하지 않은 채 말입니다.

그래서 제안합니다. 확신평가를 통해 학생 개개인의 학습자 유형을 분석하고, 그것에 기반한 맞춤형 피드백을 함으로써 교육 현장의 평가를 세로에서 가로로 바꿔보자고 말입니다.

통영초등학교 교장 구인회

Contents

+ Prologue   4

01 [교육]
교육의 현재와 미래는?

- 교육의 미래는 어떻게 변해야 할까요?   10
- 평균의 덫에 걸리지 않으려면   13
- 학생 맞춤형 교육, 현실일까요? 이상일까요?   16
- 공부를 잘하는 아이에게는 '이것'이 있다   21
- 내가 아는 것과 모르는 것을 아는 것부터 학습은 시작된다   24

02 [평가]
평가에 확신을 더한다면?

- 평가의 목적, 이제는 변화가 필요하다   30
- 확신평가의 등장   32
- 확신평가가 필요한 이유   36
- 확신평가를 통한 학습자 유형 분석   39
- 학습자 유형별 피드백   42

03 [실천]
교실에 적용해 본다면?

- 확신평가 적용기 4학년 수학편: 소수의 덧셈   52
- 확신평가 적용기 6학년 수학편: 비와 비율   73
- 확신평가 적용기 6학년 수학편: 수 · 확 · 해 프로젝트   109
- 확신평가 적용기 6학년 영어편: 영어 듣기 자신감   136

04 [삶]
삶을 위한 평가의 방향은?

- 모든 기반은 기초학력에서부터   178
- 기초학력 미달, 이대로 두어도 괜찮을까?   180
- 코로나19와 함께 찾아온 아이들의 정서적인 변화   183
- 평가의 다양성   185
- 교사와 의사의 공통점과 차이점   187
- 온라인 확신평가 사이트 소개   190
- 확신평가의 종착역은?   200

+ Epilogue   203

01 [교육]
교육의 현재와 미래는?

- 교육의 미래는 어떻게 변해야 할까요?

- 평균의 덫에 걸리지 않으려면

- 학생 맞춤형 교육, 현실일까요? 이상일까요?

- 공부를 잘하는 아이에게는 '이것'이 있다

- 내가 아는 것과 모르는 것을 아는 것부터 학습은 시작된다

교육의 미래는 어떻게 변해야 할까요?

우리는 항상 달콤하고 행복한 미래를 꿈꾸지만 내가 마주하게 될 미래는 그렇게 될 수도 그렇게 되지 않을 수도 있는 것이 현실입니다. 그럼에도 늘 우리는 미래를 예측하기 위해 노력하고, 미래를 맞이하기 위해 준비해야 합니다. 왜냐하면 다가올 미래 중에는 정해진 것도 있기 때문이죠.

〈우리나라 연도별 합계출산율〉

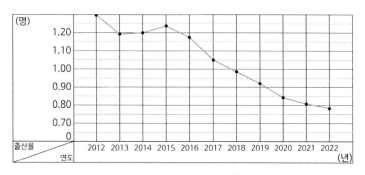

[출처: 통계청 인구동향조사 2023]

그중에 가장 확실한 변화는 학령인구의 감소일 것입니다. 우리나라는 지난 2001년 합계출산율 1.3명을 기점으로 출산장려정책을 펼치기 시작하였습니다. 특히 2005년 저출산고령사회위원회가 출범한 이후 2021년까지 정부가 저출산을 해결하기 위해 투입한 예산은 약 280조 원 규모입니다. 그럼에도 2022년 합계출산율은 약 0.78명으로 오히려 더 줄어들었습니다. 그렇다면 이렇게 학령인구 감소가 지속되었을 때, 교육의 미래는 어떤 방향성을 갖고 나아가야 할까요?

〈우리나라 생산연령인구 및 고령인구 변화표〉

	2020년		2070년
생산연령인구	3,738만 명	→	1,737만 명
고령인구	3,738만 명	→	1,747만 명

[출처: 통계청 인구동향조사 2022]

위 통계자료를 분석해보면 생산가능연령 5명이 노인 1명을 부양하던 시대에서 생산가능연령 1명이 노인 1명을 부양하는 시대로 변화됨을 알 수 있습니다. 그렇다면 이러한 부양인구 변화의 관점에서 교육의 방향은 어떻게 전환되어야 할까요? 바로 학생 한 명, 한 명의 생산성을 높이는 방향으로 전환해야 합니다. 수학적으로만 본다면 지금 학생 한 명의 생산성을 2070년까지 다섯 배로 끌어올려야 합니다. 말 그대로 학생 한 명, 한 명을 혁신적인 인재로 길러내야 한다는 의미입니다. 그렇다고 지금 학생이 학업이나 진로에 쏟는 시간을 다섯 배로 늘릴 수는 없습니다.

그렇다면 스티브 잡스와 같이 혁신적인 생산성을 이끌어낼 수 있는 인물을 기르기 위해서는 어떤 교육이 필요할까요? 다수를 위한 보편적 교육에서 학생 개개인을 위한 맞춤형 교육으로 방향 전환이 필요합니다. 그동안 보편적 교육을 통해 평균 수준의 인간을 길러내는 것에 중점을 두었다면 이제는 맞춤형 교육을 통해 미래사회 각 분야별 핵심인재를 길러내는 데 초점을 두어야 할 것입니다. 즉, 학습자 개개인의 학습유형에 맞는 교육을 실현해야 합니다.

평균의 덫에 걸리지 않으려면

"어렸을 때, 공부를 못해 선생님으로부터 포기선언을 받은 아이"
"중학교 때는 ADHD(주의력 결핍 과잉행동장애) 판정을 받은 아이"
"고등학교 때는 성적 미달로 중퇴"

위에서 말한 아이가 하버드대 교수가 된 토드 로즈의 이야기라면 믿을 수 있을까요? 그는 학창 시절 친구들과 선생님에게 무시를 당했습니다. 학교에서는 그의 성적이 낮다는 이유로 그가 우수한 학생이 아니라고 판단했습니다. 친구들은 그의 ADHD 성향을 보고, 미숙하다고 여겼습니다. 그는 학교라는 제도가 만들어놓은 평균에 미치지 못하는 사람이었기 때문입니다. 결국 그는 학교를 벗어나서야 학교에서 발견하지 못했던 재능을 발견했고, 자신에게 맞는 삶의 경로를 새롭게 설계하며 세계적인 교육학자가 되었습니다. 그래서일까요? 그는 '평균의 종말'이라는 책을 출간하였습니다. 그리고 이 책에서 그는 이야기합니다. 학교라는 시스템이 만들어내는 평균은 허상일 뿐이라고 말입니다. 그리고 개개인성에 집중해야 한다고 말합니다. 그러면서 개개인성을 살리기 위해서는 평균적인 학습경로를 가르치고 안내하는 것이 아닌 개인에게 맞는 삶의 경로를 찾아갈 수 있게 도움을 주어야 한다고 이야기합니다.

평균적인 사람은 아무도 없다. 어떤 개개인과 관련된 결정을 내려야 하는 순간이라면, 평균은 쓸모가 없다. 평균이 사실상 한 개인의 가장 중요한 면모를 알아보지 못하게 속일 경우엔 허위정보를 제공하는 격이기 때문이다. 따라서 평균적인 인간을 바탕으로 설계된 시스템은 실패하기 마련이다.

토드 로즈의 『평균의 종말』은 전 세계적인 베스트셀러가 되었고, 실제 우리 교육도 보편적 교육에서 개별 맞춤형 교육으로 그 방향을 전환하고 있습니다. 국가에서 주도적으로 만들어서 보급하던 국정교과서에서 여러 출판사가 자율적으로 제작할 수 있는 검정교과서로 바뀌었습니다. 중학교에서는 자유학기제를 통해 개인의 재능과 흥미를 발견할 수 있도록 기회를 제공하고 있습니다. 고등학교는 학생이 자신의 진로에 맞게 필요한 학점을 이수하고 졸업하는 고교학점제 전면 시행을 준비하고 있습니다.

다만 개별 맞춤형 교육 정책이 현장에 안정적으로 정착되기 위해서는 과밀학급 문제, 학생 개인별 데이터를 저장하고 그에 맞는 진단과 처방을 도와줄 AI 프로그램 개발 등의 해결 과제가 남아있습니다. 그렇다면 현재 우리나라 교육 환경과 AI 시스템을 살펴보며, 학

평가에 확신을 더하다

생들이 평균의 덫에서 빠져나와 자신에게 맞는 최상의 경로로 살아 갈 수 있는 맞춤형 교육이 가능한지 살펴보겠습니다.

학생 맞춤형 교육, 현실일까요? 이상일까요?

학생 개개인의 전인적인 성장을 위한 맞춤형 교육은 모든 교사들의 꿈이자 목표일 것입니다. 하지만 맞춤형 교육이 교사 개인의 몫이라고 하기에는 전제되어야 할 것이 많습니다. 여기서는 그중 두 가지를 언급하겠습니다. 그 첫 번째가 학급당 학생 수의 적정화이며, 두 번째는 학생 개인별 학습이력을 관리할 수 있는 정보화 기술의 발전입니다.

먼저 학급당 학생 수에 대해 말씀드리면, 교사의 넘치는 열정으로도 한 반에 20명이 넘는 학생을 위한 맞춤형 교육을 하는 것이 벅찬 현실입니다. 그런데 말입니다. 2020년 통계청에서 발표한 장래인구추계 변화표를 보면, 2020년 789만 명이었던 학령인구는 향후 2030년에 195만명이 감소한 596만 명이 될 것으로 예상하고 있으며, 2070년에는 328만 명 수준으로 전망하고 있습니다.

〈우리나라 학령인구 장래인구추계 변화표〉

연도	2020년	2030년	2070년
학령인구	789만 명	596만 명	328만 명

[출처: 통계청 인구동향조사 2022]

　　이렇게 학생 수가 급감하고 있는 현실 속에서 교육부의 적정규모 학교 육성 권고 기준은 아래의 표와 같습니다.

〈적정규모 학교 육성 권고〉

구분	면·벽지	읍	도시
초등학교	60명 이하	120명 이하	240명 이하
중학교	60명 이하	180명 이하	300명 이하

[출처: 교육부]

　　이에 신문기사를 보면 위 기준을 근거로 학교 통폐합이 발생하는 기사를 심심치 않게 확인할 수 있습니다. 특히 2024년부터 폐교가 되는 서울시 D고의 사례는 학령인구 감소를 피부로 느끼게 해주었습니다. 늘 사람으로 붐비는 서울에서, 그것도 일반계고에서도 입학생 수가 부족하여 신입생을 받지 않고 현재 고등학교 2학년 학생까지 졸업을 하면 폐교가 된다고 합니다. 지방은 더욱 심각합니다. 경상북도의 경우 전체 956곳 중 432곳(45.0%)이 전교생이 100명 이

하이며, 학생 수가 10명 이하인 학교는 41곳으로 통·폐합이 불가피합니다. 제2의 수도라고 불리는 부산이라고 다를까요? 부산지역 학령인구 역시 10년 만에 30% 가까이 줄었으며, 교육부 권고에 따른 통·폐합 대상 소규모학교는 부산에만 약 130개가 있습니다. 이렇듯 학령인구 감소는 앞으로 학교의 통폐합을 가속화시킬 것이며, 이는 곧 학교 수가 줄어드는 것을 의미합니다.

그렇다면 학교가 감소하고, 학생이 줄어들면 어떤 변화가 생길까요? 학급당 학생 수가 급격히 줄어들 것입니다. 즉, 과밀학급*으로 허덕이던 우리 교실이 자연스럽게 적정규모로 줄어들 것입니다. 학령인구 감소는 우리 사회의 큰 문제이지만 맞춤형 교육에는 기회가 될 수 있습니다. 다만 여기서 주의해야 할 것은 학생 수의 양극화입니다. 주변 학교가 통폐합되면서 수도권과 지방의 중심지는 오히려 학급당 학생 수가 늘어날 수 있습니다. 이에 학급당 학생 수가 줄어듦에 따라 무작정 학교 통폐합을 진행하는 것보다 맞춤형 교육 실현이라는 교육목표에 맞게 과밀학급에 대한 기준을 완화하면서 진행하는 혜안이 필요합니다.

다음으로 각각의 학생들에게 맞는 교육을 하려면 학급 전체를 관리하는 시스템을 넘어 학생 개개인을 누적하여 관리할 수 있는 플랫폼이 있어야 합니다. 과거에는 그런 시스템을 구축하면 좋을 것 같다는 바람만 있었을 뿐, 실제로 기술력이 뒷받침되지 못했습니다. 그

---

*   과밀학급: 학급 당 학생 수가 28명 이상인 학급, 교육부.

평가에 확신을 더하다

런데 지금은 다릅니다. AI, 빅데이터, 클라우드로 대표되는 4차 산업혁명의 발달로 인해 교육에 과학기술을 접목한 에듀테크 산업이 눈부시게 성장하고 있습니다. 실제로 교육부도 AI를 활용해 학생의 속도와 수준에 맞게 학습할 수 있는 다양한 학습 프로그램을 개발하여, 적용하고 있습니다. '인공지능 기반 영어 말하기 연습 시스템(AI 펭톡)'은 교육부와 한국교육방송공사(EBS)가 초등학교 3~6학년 학생들에게 풍부한 영어 말하기 환경을 제공하여 기초 의사소통 능력을 향상시킬 수 있도록 공동으로 개발한 것입니다. 사용자 음성 인식과 자연어 처리기술을 활용해 인공지능과 학생 간 1:1 대화 연습 서비스를 지원하며, 발음 교정 서비스도 함께 제공하고 있습니다. 또한 AI 수학 시스템 '똑똑! 수학탐험대'는 수학 교육과정과 교과서를 기반으로 과제를 설계하였고, 이를 학생들이 학습하면 그 결과를 인공지능 기술로 분석·예측해 학생 수준에 맞는 학습 콘텐츠를 추천하고 학습 조언을 제공하고 있습니다. 학생 개인별 이해도를 측정하고 향후 학업 성취를 예측해 맞춤 처방을 제공함으로써 학습 결손에 따른 교육격차 예방에도 기여하고 있습니다.

위와 같이 학생 수 감소에 따른 학급당 학생 수의 적정화와 4차 산업혁명의 발달은 학생 맞춤형 교육이 가능한 교육환경의 변화를 가져왔습니다. 이제는 이러한 환경에 맞는 다양한 콘텐츠가 필요한 시점입니다. 이에 학생 맞춤형 교육을 위한 기존의 이론들을 다시 한번 살펴보고, 미래기술과 연결하여 현실화할 수 있는 부분들을 찾아내는 노력이 필요합니다. 지금 사교육 시장은 에듀테크 산업으로 학생과 학부모에게 다양한 서비스를 제공하고 있으며, 공교육에서도 에듀테크를 활용하고자 다양한 연구가 진행되고 있습니다. 하지만 여전히 학교 현장에서 체감할 수 있는 학생 맞춤형 교육 플랫폼은 부족하기에 좀 더 혁신적인 변화가 필요합니다.

평가에 확신을 더하다

공부를 잘하는 아이에게는 '이것'이 있다

혹시 학창 시절, 학교에서 공부를 잘하던 친구들이 기억나시나요? 저도 제가 맡았던 학급에서 공부를 잘하던 몇 명의 아이들 얼굴이 떠오릅니다. 그런데 신기하게도, 공부를 잘하는 아이들을 보고 있으면 공통되는 특징을 관찰할 수 있습니다. 바로 무엇일까요? 수업 시간에 대답할 때도, 과제를 해결할 때도, 친구들에게 설명을 해줄 때도, 시험을 칠 때마저도 그 아이들은 바로 '이것'을 가지고 있었습니다. 바로 '자신감'입니다.

교직 생활을 하며 학업 성취의 관점에서 아이들을 바라봤을 때 가장 인상적인 부분은 공부를 잘하는 아이들은 자신이 알고 있는 것과 모르고 있는 것을 스스로 정확히 알고 있다는 것이었습니다. 알고 있는 것은 자신감 있게 손을 들었고 자신 있는 표정과 목소리로 발표하는 모습을 보였습니다. 가끔 그런 아이들에게 수업 내용에 대해 물어보면 '제가 알고 있는 내용이어서 쉽게 대답할 수 있었어요', '이 문제는 제가 풀 수 있는 문제였어요'라는 대답을 들을 수 있었습니다.

반면, 학업 성취에 어려움을 겪는 아이들에게는 다음과 같은 모습들을 관찰할 수 있었습니다. 학습 내용을 이해하지 못해서 자신감이 없는 아이, 또는 내용을 알고는 있지만, 자신감이 없어서 발표와 수업에 소극적으로 참여하는 아이들도 많이 볼 수 있었습니다.

상명대학교 교육연구소에서 발간한 논문[*]을 살펴보면 자신감과 학업 성취에 대한 관계를 더욱 면밀히 살펴볼 수 있었습니다. 이 연구에서는 중학생들을 대상으로 자기 효능감이 높고 낮은 정도에 따라 각 교과목의 학업성적 및 학업성적전체 평균과는 차이가 있는지를 알아보고자 합니다. 연구에 따르면, 자기 효능감이 높은 집단 학생들이 낮은 집단 학생들보다 학업성적 평균과 각 교과목 국어, 사회, 과학, 수학, 영어 성적이 유의미하게 높은 것으로 나타났습니다. 여기서 말하는 자기 효능감이란, 개인이 갖는 인지적 자원이나 동기 혹은 다양한 행동 과정들을 동원할 수 있다는 자신의 능력에 대한 판단 및 신념을 말합니다. 즉, 자기 효능감과 자신감이 학업성적에 지내한 영향을 미친다는 것을 확인할 수 있습니다.

결과적으로 학업 성취가 높은 학생들에게서 보이는 공통점은 '내가 이 학습 내용에 대해 알고 있다는 자신감'을 가지고 있다는 점입니다.

---

[*]   중학생의 학업성취도와 자기 효능감 간의 관계연구(김청자, 김현규 2010)

평가에 확신을 더하다

'알고 있으니 내용이 쉽게 느껴지고,

쉬우니 자신감이 생기고,

자신감이 생기니 수업이 재밌다.

평가가 두렵지 않다.'

따라서 아이들이 스스로 본인이 어떤 내용을 이해하고 있는지, 그 내용을 얼마만큼 알고 있는지 인지하는 것이 매우 중요합니다. 그래야 '자신감'이라는 날개를 달아 학업 성취라는 계단에 올라갈 수 있을 것입니다.

내가 아는 것과 모르는 것을 아는 것부터
학습은 시작된다

옛 일화를 하나 말씀드리겠습니다. 공자의 제자 중 자로는 건달 생활을 하던 중 공자에 감화되어 평생 공자의 가르침을 따르기로 맹세한 사람이었습니다. 자로는 비록 공자의 문하에서 공부하며 많이 유순해졌지만 말보다 행동이 먼저 나가는 성격과 특유의 고집이 남아 있었고, 공자의 제자 중에서도 가장 나이가 많다 보니 자신의 무지를 인정하는 것에 대해 자존심이 상하는 것으로 여겼습니다. 어느 날 공사는 그 부분을 확실하게 지적했습니다.

"자로야, 네게 앎을 알려주랴?"
"아는 것을 안다고 하고
모르는 것을 모른다고 하는 것,
그것이 앎이니라."

여기서 중요한 것은 자신이 모른다는 것을 인정해야만 상대에게 배울 기회가 생긴다는 것입니다. 모른다는 것을 인정하는 것은 용기가 필요합니다. 자기가 옳다는 아집을 가진 학생은 성장할 기회가 오지 않습니다. 오히려 현재 성취도는 낮지만, 자신의 무지를 스스로 인정하는 학생이 성장 가능성이 많고, 대기만성형이 될 확률이 높습니다. 이 깨달음을 얻은 자로는 어떻게 되었을까요? 거친 야인의 모습에서 공자의 사랑을 받는 핵심 제자의 한 사람이 되었답니다.

방금 공자가 했던 말을 다시 떠올려볼까요? 아마 한 단어를 자연스럽게 떠올릴 수 있을 것입니다. 바로 메타인지입니다. 메타인지는 자기 스스로 무엇을 알고, 무엇을 모르고 있는지 인지하고 있는 것을 말합니다. 조금 더 풀어보자면, 인지는 지각, 기억, 상상, 개념, 판단 등 '무엇을 안다'라는 것 자체를 의미하며, 메타인지는 인지 과정보다 한 단계 위의 단계로, 나의 인지 과정을 알고 제어하는 것이라고 볼 수 있습니다. 학습의 과정에서 메타인지의 역할은 매우 중요합니다. 내가 이 내용을 알고 있는지 모르고 있는지 파악하는 것에서부터 학습이 시작될 수 있기 때문입니다.

학술논문*에 따르면 메타인지가 높은 영재 집단은 그렇지 않은 집단보다 자기주도적 학습능력이 뛰어났고, 영재들은 자기결정력이 높을수록 자기주도적 학습능력 또한 유의미하게 높았다는 것을 확인할 수 있었습니다. 즉, 메타인지는 자기주도적 학습능력을 기르는

---

* 영재들의 메타인지와 자기주도적 학습능력 간의 관계: 자기결정성 학습동기의 매개효과(2009, 이지혜 외)

데 큰 영향을 주고 있다는 의미인 셈입니다.

그런데 이 메타인지는 과거 자기주도학습에서도 강조되었음은 물론이고, AI 출현 이후에도 더 부각 되고 있다는 것을 아시나요? 그 비밀은 바로 우리의 뇌에 있습니다. 우리 인간의 능력 중에 AI가 절대로 따라올 수 없는 능력이 바로 메타인지입니다. 우리 인간은 자신이 모르는 것에 대해 곧바로 대답할 수 있지만 AI는 자신이 그것을 알고 있는지 모든 것을 검색한 후에 모른다는 답을 내놓습니다. 그래서 인지심리학자가 바라보았을 때, AI시대에 우리 인간의 고유한 능력으로 메타인지를 말하고 있는데요. 그렇다고 인간이라고 해서 누구나 뛰어난 메타인지를 갖고 있는 것은 아니겠죠. 인간은 메타인지 때문에 착각에 빠져 살 때가 있다고 하고 '메타인지'와 '진짜인지'가 서로 싸운다고도 합니다.

저를 예로 들어볼게요. 연세가 있으신 선배님께서 컴퓨터가 잘 안된다고 말씀하실 때가 있어요. 그러면 저는 당당하게 갑니다. 컴퓨터로 매일 일하고 매일 노트북을 끼고 살고 있으니까요. 그런데 막상 가보면 안될 때가 많습니다. 결국 가서 제가 컴퓨터 기사님께 전화해드리고 갈 때가 많았습니다. 교실로 가는 발걸음이 상당히 무거웠습니다. 저의 메타인지는 내가 할 수 있다고 하는데, 진짜인지는 사실 컴퓨터에 대해 잘 몰랐던 거죠.

학생들도 마찬가지입니다. 물론 이러한 메타인지 과정이 잘 이루어지는 학생들이 있는 반면에, 아직 대다수의 아이들은 이러한 자가진단이 정확하지 않아 판단의 오류가 발생하곤 합니다. 예를 들어,

평가에 확신을 더하다

과잉 자신감으로 정확히 알지 못하지만 다 안다고 자만하는 학생, 또는 소극적인 성격 등 성격의 요인으로 제대로 알고 있음에도 잘 모르고 있다고 판단하는 학생들도 있습니다. 이런 점을 종합적으로 살펴보았을 때, 학업 성취에 어려움을 겪는 아이들은 학습 내용에 대해 정확히 알고 있는지, 모르고 있는지에 대한 판단이 정확하지 않기에 학습의 시작점에서부터 어려움을 겪는다고 볼 수 있습니다.

결국, 메타인지는 AI가 따라할 수 없는 인간의 고유한 영역인 것은 맞지만, 그냥 얻어지는 역량이 아닙니다. 메타인지를 향상시킬 수 있는 꾸준한 연습과 다양한 경험이 필요하다는 것입니다. 그러한 관점에서 학생들에게는 제시된 문제의 학습 내용을 내가 알고 있는지, 모르고 있는지 스스로 판단하는 경험이 중요합니다. 즉, 메타인지를 자극할 수 있는 학습을 경험하도록 교육의 전환이 필요합니다.

02 [평가]
평가에 확신을 더한다면?

- 평가의 목적, 이제는 변화가 필요하다
- 확신평가의 등장
- 확신평가가 필요한 이유
- 확신평가를 통한 학습자 유형 분석
- 학습자 유형별 피드백

평가의 목적, 이제는 변화가 필요하다

그간 우리가 초, 중, 고등학교 때 받아온 평가들을 한 번 떠올려 볼까요? 아마 대부분 초등학교 때 수행평가 결과는 수, 우, 미, 양, 가 또는 잘함, 보통, 노력으로 인쇄된 종이들을 받은 기억들이 있을 겁니다. 아니면 중간고사나 기말고사 후, 반에서 몇 등, 전교에서 몇 등인지 적힌 성적표 같은 것들을 받은 기억도 날 것입니다. 그런데 평가를 받은 이후에 어떤 학습을 했었는지 평가 그다음의 과정에 대한 기억이 나시나요? 물론 자기주도적 학습 습관이 잘 잡힌 일부 학생들은 부족한 점을 스스로 채우거나 선생님 또는 학원의 도움을 받아 보충한 학생들도 있었을 겁니다. 그런데 그간의 결과 중심 평가 이후에 대다수 학생들은 나의 학습에 대한 전반적인 진단보다는 수치화된 점수, 등수를 보고 자신의 학습 수준을 등급화하는 데에 그치는 경우가 많습니다.

물론 이런 방식의 평가는 점수화를 통해 학생의 이해 정도를 객관적으로 파악할 수 있는 장점이 있으나 학생의 학업 발전에 큰 도움을 주기 어렵습니다. 왜냐하면, 단순히 점수가 낮은 학생에게 학습 이해도가 낮다는 상황만 제시할 뿐, 그 이후의 학습에 대한 방향을 제시하기 어렵기 때문입니다. 뿐만 아니라 100점을 맞은 학생에게도 '공부를 잘한다', '이 내용을 잘 이해했다'라고 판단을 내릴 뿐, 더 심화된 학습으로의 방향을 제시하지 못합니다.

그렇다면 단순히 잘함, 보통, 노력을 나누는 데에서 끝나는 평가가 학습자에게 진정 도움이 되는 평가일까요? 이 질문에 답을 하기 위해서 평가를 하는 이유에 대해 생각해보아야 합니다. 평가는 단순히 학생들의 성적을 서열화하기 위한 수단인지, 학생의 학습 수준을 진단하고 그에 알맞은 피드백을 제공하기 위한 수단인지 생각해보아야 합니다. 당연히 교육의 목표를 달성하기 위해서는 후자의 목적으로 평가를 바라보아야 할 것입니다.

이제는 평가가 학생의 이해정도를 파악하는 마지막 단계에 머무르는 것이 아니라, 학생의 학업 발전에 도움이 되는 피드백을 제공하기 위한 하나의 도구라는 관점에서 접근해야 합니다. 교육은 '계획-학습-평가'에서 끝나는 것이 아니라, 평가 그다음의 과정이 필요합니다.

확신평가의 등장

---✦---

확신평가는 어떤 평가인지 아래의 글을 통해 알아보겠습니다.

자신이 푼 문제에 대해

확신정도(신뢰도)를 기록하게 하여,

학생이 기록한 확신 정도와

학생의 평가 결과를 종합하여

학습자 유형에 맞는 피드백을

제공하는 평가방식

확신평가는 단순히 학생의 학업성취도를 확인하는 것에서 끝나지 않고, 각각의 학생에게 적절한 맞춤형 피드백을 제공함으로써 학업 수준이 제각각 다른 모든 학생들의 학업 발전을 이루도록 하는 것을 최종 목표로 하고 있습니다.

확신을 교육에 접목하려고 노력하고 있는 연구자가 있습니다.

토니 가드너 메드윈(Tony Garder Medwin)[*]은 1995년 기초의학교육에서 처음으로 확신평가를 적용하고 연구한 사람입니다. 확신평가가 유의미한 연구이며 1995년부터 시작된 평가 방법임에도 교육적으로 알려지지 않은 것은 바로 그가 교육학자가 아닌 런던에 있는 UCL 의과대학(University College London, UCL)의 생리학 명예교수이기 때문일지도 모릅니다. 그는 수년 동안 확실성 기반 평가에 집중하여 자신이 알고 있는 것과 자신이 안다고 생각하는 것을 일치시키는 데 그 목표를 두고 연구하고 있습니다. 그는 초창기 확신평가(Confidence assessment)에서 현재의 확신기반채점(Certainty Based Marking)까지 자신이 푼 문제에 대해 확신수준을 기입하고, 그것에 대한 반대급부를 제공하는 평가를 통해 평가 과정에서의 신중함을 높이고자 하였습니다. 그가 활용한 방법은 다음과 같습니다.

---

[*] Gardner-Medwin, A. R. (1995). Confidence assessment in the teaching of basic science. Research in Learning Technology, 3(1), 80–85.

확신수준	1	2	3	무응답
맞췄을 때 획득 점수	1	2	3	0
틀렸을 때 감점 점수	0	-2	-6	0

① A라는 문제를 학생이 풉니다.

② 자신이 푼 문제에 대한 확신정도 즉, 얼마나 답을 확신하는지를 확신수준 1, 2, 3으로 표시하도록 합니다.

③ 문제를 맞췄을 때는 동일하게 점수를 주는 것이 아니라 학생이 기록한 확신 수준 그대로 1, 2, 3점을 줍니다.

(즉, 확신수준과 내가 맞췄을 때 받는 점수는 동일합니다)

④ 만약 틀렸다면 1수준을 선택하지 않는 한 점수를 잃게 됩니다.

(2수준을 써서 틀리면 -2점, 3수준을 써서 틀리면 -6점을 받습니다)

메드윈은 앞에서 본 확신기반 채점표를 바탕으로 확신평가를 학생들에게 적용했습니다. 학생 입장에서 채점표를 보고 평가 문제를 풀 때, 확실하다면 3수준으로 답할 것입니다. 그러나 이 경우 실제로 틀렸다면 -6점을 받게 되어 득점의 두 배를 잃을 것입니다. 확실하지 않은 경우 1수준을 선택하여 감점 위험을 피할 수 있습니다. 확신 정도가 중간 정도 된다면 2수준을 사용하는 것이 좋습니다. 맞으면 2점을 얻고 틀리면 2점을 잃기 때문에 내가 확신한 정도만큼만 감점을 당하면 됩니다.

그렇기 때문에 확신평가는 학생에게 정직함을 요구합니다. 즉, 자신이 알고 있는 것을 과장하고 과시하기 위해 확신수준을 3으로 표시한다면 훨씬 더 나쁜 결과를 초래합니다. 반대로 자신이 쓴 답이 정답일 확률이 90% 이상이라고 생각하지만 확신수준을 1 또는 2라고 선택하면 자신이 아는 만큼의 점수를 획득하지 못합니다. 그렇기 때문에 메드윈은 확신평가는 자신이 아는 만큼에 대한 최대의 점수를 획득하기 위해 최선을 다할 수밖에 없는 평가라고 이야기했습니다.

실제로 위와 같은 이유로 런던 의과대학 대부분은 기초의학 분야에서의 학생 평가를 위해 확신평가를 시스템에 반영하여 온라인 평가 형태로 치르게 하고 있습니다. 이에 우리나라도 확신평가 연구를 통해, 우리나라 교육 현장에 맞게 그 장점을 살려 활용해 볼 만한 가치가 있습니다.

확신평가가 필요한 이유

────────────◆────────────

확신평가와 확신을 표시하지 않는 기존의 평가를 비교했을 때, 확신평가가 교육 현장에 필요한 이유는 네 가지가 있습니다.

첫째, 평가 결과를 보고, 학생의 정의적 부분까지 피드백할 수 있습니다. 주어진 답변에서 학생이 얼마나 확신에 차 있는지에 대한 확신도를 기록하였기 때문입니다. 이를 통해 학습에 대한 자신감을 포함한 심리, 태도 등을 판단할 수 있습니다. 일반적인 지필평가는 문제를 푸는 과정에서 학생의 정서 등을 알 수 없어 우리는 학생의 평가 결과를 보고, 인지적 관점에서만 피드백할 수 있었습니다.

둘째, 문제해결 과정에서 학생이 정확히 알고 풀었는지 모르고 풀었는지를 쉽게 확인할 수 있습니다. 정확히 알고 푼 학생은 확신도가 높을 것이며, 정확히 알지 못하고 푼 학생은 확신도가 낮을 것이기 때문입니다. 교사는 이 과정에서 확신 여부와 정답 여부를 비교하여 학생의 메타인지가 높은지 낮은지 판단할 수 있습니다. 또한 학생은 확신도를 표시하는 과정에서 자연스럽게 메타인지 역량을 기를 수 있습니다. 기존의 평가는 맞는지 틀린지만 확인할 수 있었기 때문에 학생이 부분적인 지식만으로 맞추었는지, 단순 추측 즉, 찍어서 맞춘 것인지 교사가 확인할 수 없었습니다. 또한 학생 한 명 한 명에게 물어보는 것도 한계가 있었습니다.

셋째, 문항 개발에 들어가는 시간과 노력을 줄일 수 있습니다. 기존 평가에서 문항을 개발할 때는 부분적인 지식과 추측으로 우연히 좋은 점수를 받는 것을 막기 위해 복잡한 형태로 문제를 제시했습니다. 그런데 문제가 복잡해지면 그러한 문제는 모호해지거나 다양하게 해석될 수 있어 만족스러운 문항을 개발하기까지 많은 시간과 노력이 들어갔습니다. 이에 반해 확신평가를 사용하면 단순하고 직접적인 문항, 즉 기존에 우리가 많이 사용하던 선다형 문항만으로도 지식을 보다 철저하게 검증할 수 있습니다. 시험의 구성도 단순화될 수 있으며, '추측'으로는 좋은 점수를 얻을 수 없게 됩니다. 즉, 확신평가를 통해 우리는 흔히 객관식평가로 불리는 선다형 문항의 단점을 극복하고, 장점은 살릴 수 있게 된 것입니다. 이는 곧 현재 초등학교 현장에서 주류를 차지하고 있는 수행평가의 단점을 보완한다는 점에서 주목할 필요가 있습니다. 수행평가는 학생의 수행 과정과 결과를 모두 판단할 수 있는 종합적인 평가입니다. 이 때문에 양질의 수행평가를 위한 문항 개발과 수행의 전 과정을 채점하는 데 있어 교사에게는 또 다른 부담이 될 수 있습니다. 실제로 그러한 에너지 소모로 인해 수행평가 개발과 평가 과정에 초점을 둔 나머지 이후 학생에게 맞는 피드백 제공 등에는 관심과 에너지를 쏟지 못했던 경험이 있습니다. 이에 확신평가를 평가 내용에 따라 적절히 활용한다면 적은 노력으로 학생의 성취 수준을 정확히 파악할 수 있습니다.

넷째, 학생 개개인의 학습자 유형에 맞는 맞춤형 피드백을 할 수 있습니다. 기존의 평가가 문제를 맞힌 학생, 틀린 학생으로 구분하였다면 확신평가는 확신 여부와 정답 여부를 통해 학습자 유형을 다양하게 분류할 수 있다는 점에서 학생 맞춤형 교육에 필요한 평가 도구가 될 수 있습니다. 특히 평가를 여러 번 반복해서 실시한다면 학습자 유형은 더욱 다양해질 것이며, 이는 학생 맞춤형 교육의 새로운 패러다임을 제공할 수 있을 것입니다.

이렇듯 확신평가는 확신도를 표시한다는 측면에서 학생들의 심리나 태도를 반영해서 피드백할 수 있으며, 기존의 평가 방법이 갖고 있었던 여러 가지 단점을 보완하는 새로운 대안적 평가 방법이 될 것으로 기대합니다.

확신평가를 통한 학습자 유형 분석

확신평가는 앞에서 말한 것처럼 자신이 푼 문제에 대한 확신 정도를 함께 기록하는 평가를 말하는데요. 예를 들면, 자신이 푼 문제에 대해 '맞는 것 같다, 맞지 않는 것 같다'로 선택을 해서 스스로 자신이 푼 문제에 대해 그 신뢰도를 평가하는 방법입니다. 그래서 확신평가를 하면 학습자 유형을 기존에 '맞다, 틀리다'로 이분법적으로 나누었던 것을 4가지 유형으로 나눌 수 있습니다.

〈기존의 이분법적 평가에 따른 학습자 유형〉

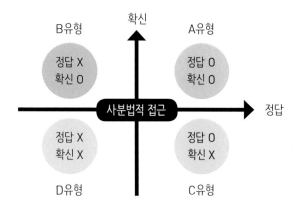

〈확신평가를 통한 사분법적 학습자 유형〉

B유형
정답 X
확신 O

확신

A유형
정답 O
확신 O

사분법적 접근 — 정답

D유형
정답 X
확신 X

C유형
정답 O
확신 X

그림에 제시된 것처럼 확신평가를 하면 확신을 하면서 문제를 맞힌 학생, 확신은 하는데 문제는 틀린 학생, 확신을 하지 못했는데 문제는 맞힌 학생, 확신을 못하고 문제를 틀린 학생으로 학습자 유형을 네 가지로 분석할 수 있습니다. 그렇다면 A, B, C, D 중에 가장 이상적인 학생은 누구일까요? 당연히 A유형입니다. A유형은 모든 선생님과 학부모님들의 로망입니다.

그렇다면 두 번째로 이상적인 학생은 누구일까요?

여기부터 이제 고민이 시작됩니다. 우리가 결과만 본다면 C유형처럼 확신을 하지 못했는데도 문제를 맞힌 학생이 두 번째가 될 것입니다. 예를 들어 수능이나 자격증 시험 등에서 잘 모르지만 내가 찍은 답이 맞기를 간절히 바라고, 또 그것이 우리의 삶을 크게 바꾸기도 합니다. 그래서 결과중심평가에서는 C유형을 선호합니다. 하지만 확신평가에서는 D유형처럼 확신을 못하고, 문제를 틀린 학생이 두 번째로 이상적이다고 생각합니다. 그다음으로는 확신을 하지 못했는데, 문제를 맞힌 학생, 일명 찍어서 맞추거나 자신감이 없는 C유형입니다. 그렇다면 가장 위험한 유형은 어떤 유형일까요? 맞습니다. 바로 B유형처럼 확신은 하는데 문제를 틀린 학생입니다. 왜 그럴까요?

우리 삶에 그 답이 있습니다. 우리가 생활을 하다 보면 논리적인 근거 없이 남을 선동하는 사람들이 있습니다. 막 '이거 사라, 저거 사라, 이거 좋다, 이 땅 좋다' 하는 이런 사람들한테 잘못 선동당하면 어떻게 되죠? 한 가정이 그냥 파탄이 나고, 인생에 큰 위기가 옵니다. 그렇다고 이 사람들이 나중에 내 인생을 책임져주는 것도 아닙니다. 물론 B유형에 해당하는 학생들이 반드시 그런 사람으로 성장한다는 것은 아닙니다. 실제로 초등학교 학생들이 문제를 풀고 확신을 했는데 틀린 유형을 보면 실수로 틀린 경우가 많습니다. 그래도 그 실수가 반복이 되면 자기만의 논리가 되어 오개념에 빠질 수 있기 때문에 우리는 그러한 학생들을 A유형이나 D유형으로 갈 수 있게끔 도와줘야 합니다.

이렇게 확신평가는 정확한 진단을 통해 학생을 4가지 학습자 유형으로 나눠서 각 유형에 맞게 피드백할 수 있다는 장점이 있고, 진단과 피드백에 정의적 요소까지 포함하여 피드백을 한다는 특징을 갖고 있습니다. 그렇다면 각 유형에 보다 명확한 설명과 그에 맞는 피드백을 알아보며, 유형별 피드백은 어떻게 제공할 수 있는지 알아보겠습니다.

학습자 유형별 피드백

■ 1차 평가 - 4가지 유형 분석

　확신평가를 도입하면 각 유형에 해당하는 학생들에게 필요한 피드백을 제공하기 쉽습니다. 먼저, 1차 평가 결과를 통해 크게 4가지 유형으로 나누어 피드백을 제공할 수 있습니다.

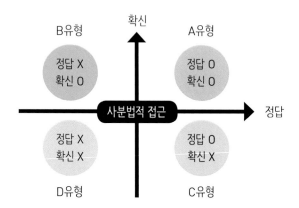

A유형: 안다고 생각하고 정답을 맞히는 유형
B유형: 안다고 생각하지만 정답을 틀리는 유형
C유형: 모른다고 생각하지만 정답을 맞히는 유형
D유형: 모른다고 생각하고 정답을 틀리는 유형

먼저, A유형의 학생은, 스스로 학습 내용을 잘 알고 있다고 확신하며, 문제도 정확히 맞히는 유형입니다. 메타인지가 높은 학생이라고 볼 수 있습니다. 이런 학생의 경우에는 기존 학습 내용을 잘 이해하고 있으므로 조금 더 복잡하고 고차적인 사고를 요구하는 심화 문항을 제공할 수 있습니다.

두 번째로, B유형의 학생은 물어보는 내용에 대해 정확히 알고 있다고 확신은 하나, 정답을 틀리는 유형입니다. 모르고 있지만 알고 있다고 잘못 인지한 경우일 수도 있고, 정말 잘 알고 있지만 성급하게 문제를 풀어 오류를 낸 경우도 있으므로, 동형문항을 제시하여 학생의 유형을 파악한 후 그에 적절한 피드백을 줄 수 있습니다.

세 번째로, C유형의 학생은 내용을 잘 이해하지 못한다고 생각하고 확신도가 낮으나 문제를 맞힌 경우입니다. 소극적이고 조심스러운 성향으로 자신감이 낮아 어렵다고 생각했지만, 실제로는 학습 내용을 이해했을 수도 있고, 잘 몰랐지만 찍어서 맞힌 경우로 볼 수 있으므로 이 역시 동형문제를 통해 유형을 파악한 후 각각의 유형에 맞게 피드백을 줄 수 있습니다.

마지막으로, D유형의 학생은 모르고 있다고 확신하며 문제를 틀린 경우입니다. 오히려 이 학생은 모르고 있다는 사실을 인지하고 있으므로 메타인지가 높은 학생이라고 할 수 있습니다. 따라서 기초적인 내용을 재차 확인하는 과정을 통해 기초 내용부터 다음 단계로 차근차근 배울 수 있도록 지도하는 방향을 설계할 수 있습니다.

■ 2차 평가 - 8가지 유형으로 분석

앞서 1차 평가를 통해 A, B, C, D유형으로 구분했다면, 각 유형에서 2차 평가를 통해 더욱 세분화된 유형으로 나눌 수 있습니다. 2차 평가는 4가지의 유형에 따라 심화 문항, 동형 문항, 확인 문항 등으로 그 난이도를 조절하여 제시할 수 있습니다.

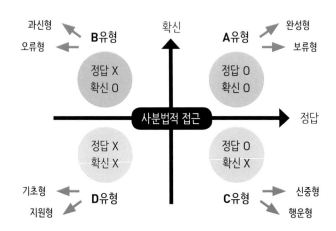

평가에 확신을 더하다

예를 들어, B유형의 학생 중에서도 실제로는 모르고 있지만 알고 있다고 오해하는 경우, 또는 제대로 이해하고 있지만 성급하게 풀어 실수한 경우처럼 여러 갈래로 다시 분류할 수 있습니다. 같은 B유형 이더라도 2차 평가를 통해 유형을 다시 세분화하여 분석한다면, 전 자와 후자의 학생에게 각각의 맞춤형 피드백을 제공할 수 있습니다.

〈확신평가 기반 8가지 학습자 유형〉

4가지 유형	1차 평가		2차 평가	8가지 유형
A유형	확신 O	정답 O	심화 문항 정답 O	완성형
			심화 문항 정답 X	보류형
B유형	확신 O	정답 X	동형 문항 정답 O	과신형
			동형 문항 정답 X	오류형
C유형	확신 X	정답 O	동형 문항 정답 O	신중형
			동형 문항 정답 X	행운형
D유형	확신 X	정답 X	확인 문항 정답 O	기초형
			확인 문항 정답 X	지원형

A유형에 해당하는 학생은 문항에서 물어보는 내용에 대해 정확 히 이해하고 있다고 확신하며, 정답을 맞히는 경우입니다. A유형의 학생들에게는 심화 문항을 제시합니다. 그리고 학생이 또다시 정답 을 맞히게 되면 완성형으로 분류합니다. 완성형은 문항에서 묻고 있

는 개념을 정확히 이해하고 있고 자신의 이해 정도를 확신하고 있습니다. 따라서 이러한 학생들에게는 조금 더 복잡하고 고차적인 사고를 요구하는 문항을 제시하여 학생의 사고력과 문제해결력을 확장시키는 피드백을 제공할 수 있습니다.

만약 심화 문항을 제시하였는데 오답이 나온 학생은 보류형으로 분류합니다. 보류형은 개념에 대한 확신은 있으나 문제를 틀리는 경우도 있으므로 비슷한 문항을 계속해서 풀어봄으로써 학습 내용을 정확히 이해하는 과정을 거치며, 완성형이 되도록 준비합니다. B유형에 해당하는 학생은 문항에서 물어보는 내용에 대해 정확히 알고 있다고 확신하나, 오답을 내는 경우입니다. 오답을 내는 경우에는 다양한 이유가 있을 수 있습니다. 풀 수 있지만 문제를 꼼꼼히 읽지 않아서, 정확히 알지 못하지만 과잉 자신감으로 다 안다고 생각하고 문제를 풀어서 등 여러 요인이 있습니다. 이를 확인하기 위해서 동형 문항을 제시합니다. 처음 제시되었던 문항과 비슷한 문항을 제시하여 학생이 이전 문제에서 틀린 원인을 파악하고 그에 적절한 피드백을 제시할 수 있습니다.

동형 문항을 제시하여 맞힌다면 과신형으로 분류할 수 있습니다. 과신형은 확신은 있으나 문제를 틀리기도, 맞히기도 합니다. 문제를 급하게 풀어 실수를 유발하는 성향임을 유추할 수 있으므로 침착하게 문제를 푸는 연습과 개념을 정확하게 이해하였는지 꾸준한 학습으로 다시 체크해 보아야 합니다.

동형 문항마저도 다 틀린다면 오류형으로 분류합니다. 오류형은 아직 학습 개념을 정확히 이해하지 못한 상태이며 자신이 잘 알고 있다고 잘못 판단하는 상황임을 파악할 수 있습니다. 따라서 자신이 이해한 내용이 잘못된 것임을 알 수 있도록 오개념을 수정하는 피드백이 제공되어야 합니다. 이러한 평가 시스템은 학생이 단순히 문제를 맞히고 틀렸다는 정보 외에도 학생의 성향과 인지 과정까지 파악할 수 있어 앞으로의 피드백 방향을 설정하는 데에 큰 도움을 받을 수 있습니다. C유형에 해당하는 학생은 문항에서 물어보는 내용에 대해 잘 알지 못한다고 생각하여 확신도가 낮으나 문제를 맞힌 경우입니다. 이 또한 동형 문항을 제시합니다. 동형 문항을 풀어 정답인 경우, 이미 내용을 잘 알고 있어 정답을 맞히지만, 확신도가 낮은 신중형으로 분류합니다.

신중형은 소극적인 성향으로 자신감이 낮아 어렵다고 체크하나, 이미 학습 내용을 정확하게 이해한 경우입니다. 신중형 학생에게는 학생의 사고 과정이 맞다는 확신을 심어줄 수 있도록 정답을 맞히는 기회를 계속해서 제공해주는 피드백 하는 과정이 필요할 것입니다.

만약 C유형 학생 중 동형 문항을 틀린 경우에는 행운형으로 분류합니다. 내용을 잘 모르나 찍어서 운으로 맞힌 경우라고 볼 수 있습니다. 이러한 학생에게도 동형 문항을 제시하여, 정확한 진단을 내리는 데 도움을 받을 수 있습니다. 동형 문항에서 오답률이 높다면, 학습 내용을 아직 잘 이해하지 못하였고 운으로 찍어서 맞힌 경우라고 볼 수 있습니다. 그러므로 행운형 학생에게는 개념을 다시 차근차근 지도하는 피드백 제공이 필요합니다. 흔히 학교 현장에서 정답 여부만 확인하고 넘어갔을 경우, 교사나 학생 모두 내용을 안다고 착각하고 넘어갈 확률이 많은 유형입니다. D유형의 학생은 문제가 어려웠다고 생각하며 확신도가 낮고, 오답을 내는 유형입니다. 학생 스스로 문항에서 물어보는 내용을 잘 모르고 있다고 판단했고 오답을 냈습니다. 그렇기 때문에 보다 기초적인 내용을 이해하고 있는지 점검하는 확인 문항을 제시하여 기본 개념 이해 정도를 파악하는 것이 중요합니다.

학생이 확인 문항을 맞힌다면 기초형으로 분류합니다. 개념에 대해 확신이 없고 기본 문항은 틀렸으나, 좀 더 난이도가 쉬운 확인 문항을 맞추었다면 그 다음 개념으로 연결하여 동형 문항으로 발전해가는 피드백을 제공할 수 있습니다.

학생이 확인 문항마저 틀렸다면 지원형으로 분류합니다. 지원형은 확인 문항에서 어려움을 겪고 있기 때문에 기초 개념부터 다시 차근차근 배울 수 있도록 지도하는 방향을 설정할 수 있습니다.

이렇게 확신 여부와 정답 여부를 심화, 동형, 확인 문항과 연계하여, A, B, C, D유형에서 조금 더 세분화 된 8유형으로 학습자를 구분할 수 있으며, 그에 맞는 피드백을 제공할 수 있습니다. 특히, 이러한 학습자 유형 분석은 문항 각각에도 유의미하지만, 전체로 봤을 때는 학습유형 자체를 구분할 수도 있습니다. 물론 하나의 문제 세트로 유형을 나누는 것은 섣부른 판단으로 볼 수도 있습니다. 하지만 이런 과정이 지속되어 학습자의 데이터가 점점 더 축적된다면, 학습자 개별 맞춤형 피드백을 제공할 수 있는 과학적인 진단 자료가 될 것

평가에 확신을 더하다

입니다.

이처럼 확신평가는 평가 과정 속에서 먼저 학생의 인지 정도를 파악할 수 있습니다. 그리고 학생의 성향과 메타인지 정보를 바탕으로 각 학생에게 맞춤형 피드백을 제공할 수 있다는 장점이 있습니다. 즉, 잘하는 학생은 더 잘할 수 있도록, 부족한 학생은 부족했던 부분을 온전히 채울 수 있는 학습으로의 토대가 마련될 것입니다. 즉, 평가의 완성을 정교한 피드백으로 마무리하여 후속 학습에 도움을 줍니다.

학습자 유형별 피드백은 비대면으로도 쉽게 제공할 수 있습니다. 온라인 확신평가를 통한 학습자 유형별 피드백 제공은 4장에서 자세히 다루어보도록 하겠습니다.

03 [실천]
교실에 적용해 본다면?

- 확신평가 적용기 4학년 수학편: 소수의 덧셈
- 확신평가 적용기 6학년 수학편: 비와 비율
- 확신평가 적용기 6학년 수학편: 수 · 확 · 해 프로젝트
- 확신평가 적용기 6학년 영어편: 영어 듣기 자신감

확신평가 적용기 4학년 수학편: 소수의 덧셈

---

1. 수학과 단원 총괄평가, 어떻게 이뤄지고 있나요?

교사가 학생들과 함께 수업을 마친 후 학습 내용에 대한 평가를 진행하는 것은 매우 중요합니다. 왜냐하면 평가를 통해 학생이 자신의 성취 수준을 파악할 수 있도록 도와줄 수 있기 때문입니다. 이를 통해 학생은 자신의 부족한 부분을 스스로 채워나갈 수 있습니다.

일선의 학급들 내에서 학생들의 교수·학습 파악 정도를 측정하고 판단하기 위한 다양한 평가가 진행되고 있습니다. 저는 제가 맡은 학급에서 진행하고 있는 수학과 단원 총괄평가에 대한 소개해 보고자 합니다.

수학과 단원 총괄평가는 수학과 단원 학습을 마친 후 학생들의 단원 학습 내용 파악 정도를 확인해보는 평가입니다.

학습된 수학과 단원의 총괄평가를 치르고 나면, 학생들의 성취 기준 도달 정도는 점수라는 이름의 숫자로 가시화됩니다. 당연히 높은 점수를 받은 학생은 성취 기준에 도달한 것으로, 낮은 점수를 받은 학생은 성취 기준에 도달하지 못한 것으로 판단됩니다.

그런데 과연 가시화된 학생의 단원 총괄평가 점수가 학생의 교육 목표 달성도를 대표할 수 있을까요?

수학과 단원 총괄평가를 마친 두 학생의 평가 결과를 보겠습니다.

〈학생 (a)의 단원 총괄평가 결과〉   〈학생 (b)의 단원 총괄평가 결과〉

단원 총괄평가 실시 결과 두 학생은 모두 100점 만점이라는 결과를 달성했습니다.

〈학생 (a)〉   〈학생 (b)〉

그런데 과연 이 평가 결과 하나로 학생들의 성취 수준 도달 정도를 교사가 확실하게 알 수 있을까요? 학생들의 평가 소감을 들어보도록 하겠습니다.

〈학생 (a)의 평가 소감〉　　　　　　〈학생 (b)의 평가 소감〉

역시 공부한대로
다 아는 문제였어!

힐! 찍은 문제도 많은데
내가 왜 100점이지?
어쨌든 나이스!

두 학생은 결과적으로 단원 총괄평가 내 모든 문제의 정답을 맞혔기 때문에 성취 수준에 완벽하게 도달된 것으로 보입니다. 하지만 학생들의 평가 소감을 들어봤을 때 두 학생의 도달 과정이 조금 다름을 알 수 있습니다.

학생 (a)는 본인이 학습한 대로 (스스로 알고 있는 대로) 모든 문제를 정확하게 해결하여 성취 수준에 도달했다고 볼 수 있습니다. 하지만 학생 (b)는 100점을 받았음에도 불구하고, 본인 스스로가 왜 100점이라는 결과를 도출했는지 잘 알지 못하고 있습니다. 여기서 학생 (b) 역시 성취 수준에 완벽하게 도달한 것으로 봐도 될까요?

현장에서는 아마 평가 결과를 받은 학생 (b) 스스로도, 학생 (b)의

　　　　　　　　　　　　　　　　　평가에 확신을 더하다

평가 결과를 확인한 교사도 수학과 본 단원에 대한 학생 (b)의 학습 성취가 완벽하게 달성되었다고 보고 다음 단원으로 넘어갈 가능성이 높습니다.

2. '결과 중심 평가'를 보완해줄 수 있는 '확신평가'

> 3. 평가
>
> 나. 학교와 교사는 성취기준에 근거하여 교수·학습과 평가 활동이 일관성 있게 이루어지도록 한다.
>   1) 학습의 결과만이 아니라 결과에 이르기까지의 학습 과정을 확인하고 환류하여, 학습자의 성공적인 학습과 사고 능력 함양을 지원한다.

[2022. 초·중등학교 교육과정 총론 中]

2015 개정 교육과정에 이어 2022 개정 교육과정 역시 '과정 중심 평가'를 강조하고 있습니다. 여기서 '과정 중심 평가'란 학생의 수행 과정을 평가의 대상으로 포함시킴으로써, 평가의 범위를 확장시키고 평가를 학습의 도구로 사용하는 평가입니다.

2015 개정 교육과정 발표 이후, 일선의 학교와 학급에서는 학생들의 학습 결과만을 인식하는 데 그쳤던 결과 중심의 평가에서 벗어

나, 학생들의 수행과제를 진행하는 모든 과정을 평가하는 과정 중심 평가를 지향하고 있습니다.

하지만 과정 중심 평가 역시 완벽한 평가는 아닙니다. 과정 중심 평가에서는 평가 결과보다는 학생들의 역량 신장을 위해, 교과 간 연계 통합 수업이나 학생들의 참여 활동 과정 등의 평가를 강조하고 있습니다. 그에 따라 상대적으로 학생들의 이론 및 교과 내용의 학습이 소홀해질 수 있기 때문입니다.

그렇기 때문에 앞서 언급했듯, 수학과 단원 총괄평가 역시 학생들의 이론 및 교과 내용 학습 정도를 측정하기 위해 필요한 평가입니다. 하지만 똑같이 100점을 받은 학생 ⓐ와 학생 ⓑ의 정확한 교육 목표 도달 정도를 확인하기 어렵다는 한계 역시 가지고 있습니다.

여기서 필요한 평가가 '확신평가'입니다. 확신평가를 통해 학생들은 결과를 도출하는 평가의 과정 속에서 스스로의 이해 정도를 점검할 수 있는 기회를 가질 수 있습니다. 그리고 교사는 학생들의 과제 해결 과정 중 과제 이해 정도를 가시화된 확신도로 확인할 수 있습니다. 그래서 제가 지도하고 있는 22명의 학생들을 대상으로 수학과 확신평가를 학급 안에서 진행해 봤습니다.

3. 수학 교과에 '확신평가'를 적용한 이유

첫 번째로, 수학 교과가 가진 특성 중 하나로 '계통성'을 들 수 있습니다. 계통성이란 앞에서 배운 내용을 토대로 새로운 내용을 차례차례 단계적으로 연결하면서 쌓아가는 성질을 말합니다. 그렇기 때문에 수학 교과는 학습 내용 간에 연계성이 높아, 선수 학습이 올바르게 이뤄지지 않으면 후속 학습에 지장을 겪을 수 있습니다. 그래서 수학 교과는 선수 학습을 정확히 이해했는지 확인하는 과정이 필요합니다.

두 번째로, 수학 교과의 교수·학습은 문제해결의 결과보다 그 과정에 초점을 맞출 필요가 있습니다. 앞서 들었던 사례에서 (a), (b) 두 학생은 모두 100점 만점을 받았다는 결과를 도출했지만, 그 과정은 전혀 달랐습니다. 그렇기 때문에 학생들 스스로가 단순히 문제의 정답을 맞히는 것이 아닌, 자신이 정확히 알고 문제를 해결했는지를 스스로 점검하고 해결하는 습관을 들여야 합니다.

그에 따라 본인이 알고 있는 것을 명확히 안다고 알고, 모르는 것을 명확히 모른다고 아는 '메타인지'를 확인할 수 있는 '확신평가'가 반드시 필요한 과목이라고 판단하였습니다.

4. 수학과 확신평가 학급 적용기

※ 적용 절차

확신평가 적용 계획 수립

· 확신평가 적용 과목·단원 및 적용 대상 결정
· 확신평가 적용 방법 구상
· 확신점수를 활용한 문항지 자체 개발

확신평가 적용

· 확신평가, 확신점수의 개념 안내
· '3. 소수의 덧셈과 뺄셈' 확신평가 검사 적용

확신평가 적용 결과 분석

· 확신평가 적용 자료 분석
· 유형별 학생 분류 및 결과 해석
· 유형별 학생 피드백 제공

확신평가 적용 후기

· 교사와 학생들의 확신평가 적용 후기 및 아쉬운 점
· 수학 및 수학익힘교과서 확신평가 적용 장·단점 확인
· 확신점수를 활용한 문항지 적용 장·단점 확인

평가에 확신을 더하다

(1) 확신평가 적용 계획 수립

1) 적용 대상

수학과 확신평가는 수학과 계통성에 따라 '사칙연산'의 개념을 파악하고 있으며, 3학년 1학기 '수와 연산' 영역의 '6. 분수와 소수'의 개념이 학습된 4학년 학생들을 대상으로 선정하였습니다. 그리고 통영에 소재하고 있는 B초등학교 4학년 1개 반, 총 22명(남 9명, 여 13명)에게 적용했습니다.

2) 적용 과목 및 단원

4학년 2학기 수학과 '수와 연산' 영역의 '3. 소수의 덧셈과 뺄셈' 단원입니다.

3) 확신평가 적용 방법 구상

학급의 확신평가는 총 세 가지 방법으로 적용되었습니다. 첫 번째로, 4학년 2학기 수학교과서에 확신점수를 활용한 확신평가를 진행하였고, 두 번째로, 4학년 2학기 수학익힘교과서에 확신점수를 활용한 확신평가를 진행했습니다. 마지막으로 '확신점수를 활용한 확신평가 문항지'로 학급의 확신평가를 진행했습니다.

〈확신점수를 활용한
수학교과서 확신평가 적용〉

〈확신점수를 활용한
수학익힘교과서 확신평가 적용〉

4) '확신점수' 설정 및 개념 정의

확신(確信)의 사전적 의미는 '굳게 믿음 또는 그런 마음'입니다. 그에 따라, 학생들은 수학 교과의 문제를 해결하기 전, 문제에 대한 스스로의 확신 정도를 점수(1~5점)로 기록하게 됩니다. 학생들은 문제에 대한 답을 확신할수록 5점, 문제에 대한 답을 확신하지 못할수록 1점에 가까운 점수를 기록합니다. (확신점수를 10점 만점이 아닌 5점 만점으로 진행한 이유는 확신점수의 폭과 간격이 너무 넓으면 오히려 학생들이 점수를 기록하는 것에 어려움을 겪을 수 있기 때문입니다)

4학년 학생의 발달 단계에 맞춰, 점수에 따른 각각의 개념들을 정의하여 학생들에게 안내했습니다. 여기서 학생이 해결한 문제가 오답일 시 확신점수가 감점 처리됨을 미리 학생들에게 함께 안내했습니다. 확신점수를 신중하게 기록할 수 있게 지도함으로써 유의미한 평가 결과 도출을 장려했습니다.

평가에 확신을 더하다

〈확신점수에 따른 확신 개념표〉

정답유무	확신도	확신점수
정답	매우 자신없다.	+1
	자신없다.	+2
	보통이다.	+3
	자신있다.	+4
	매우 자신있다.	+5
오답	매우 자신없다.	-1
	자신없다.	-2
	보통이다.	-3
	자신있다.	-4
	매우 자신있다.	-5

5) 확신점수를 활용한 문항지 개발

① 확신점수를 활용한 확신평가 문항지입니다.

초등학교 4학년 1학기 3. 소수의 덧셈과 뺄셈
확신 평가 검사지
(※ 소수 한 자리 수의 뺄셈을 해 봅시다.)

4학년 3반 번 이름:

문제	답	정·오답에 따른 확신 점수표 (선생님이 기입)	답을 얼마나 확신하나요?(확신 점수) (1~5점)
1. 0.7 - 0.2			
2. 0.4 - 0.1			
3. 0.5 - 0.4			
4. 2.3 - 1.1			
5. 5.5 - 3.4			
6. 8.1 - 8.0			
7. 4.7 - 1.8			
8. 3.2 - 2.6			
9. 8.3 - 7.9			
10. 6.2 - 4.3			

② 먼저 학생들은 문제를 해결하기 전, 문제에 대한 확신도를 확신점수(1~5점)로 표기합니다.

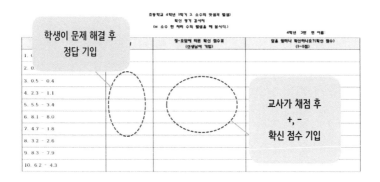

초등학교 4학년 1학기 3. 소수의 덧셈과 뺄셈)
확신 평가 검사지
(※ 소수 한 자리 수의 뺄셈을 해 봅시다)

4학년 3반 번 이름:

문제	답	정·오답에 따른 확신 점수표 (선생님이 기입)	답을 얼마나 확신하나요?(확신 점수) (1~5점)
1. 0.7 - 0.2			
2. 0.4 - 0.1			
3. 0.5 - 0.4			
4. 2.3 - 1.1			
5. 5.5 - 3.4			
6. 8.1 - 8.0			
7. 4.7 - 1.8			
8. 3.2 - 2.6			
9. 8.3 - 7.9			
10. 6.2 - 4.3			

학생이 문제에 대한
확신 정도를
확신 점수로 표기
(1~5)점

③ 학생들은 문제 해결 후 평가 검사지에 정답을 기입하고, 교사는 채점 후 +,- 확신점수를 문항지 중간에 기입합니다.

초등학교 4학년 1학기 3. 소수의 덧셈과 뺄셈)
확신 평가 검사지
(※ 소수 한 자리 수의 뺄셈을 해 봅시다)

4학년 3반 번 이름:

학생이 문제 해결 후
정답 기입

교사가 채점 후
+, -
확신 점수 기입

평가에 확신을 더하다

④ 검사지의 점수는 한 문제당 10점씩 채점하여 정답 점수의 합계를 도출합니다. 그리고 확신점수는 정·오답 여부에 따라 한 문제당 두 배로 채점하여 합계를 도출합니다. 실제 점수의 합계와 확신점수의 합계 차이가 학생의 메타인지의 차이라고 볼 수 있습니다.

초등학교 4학년 1학기 3. 소수의 덧셈과 뺄셈
확신 평가 검사지
(※ 소수 한 자리 수의 형셈을 해 봅시다.)

4학년 3반   번 이름:

문제	답	정·오답에 따른 확신 점수표 (선생님이 기입)	답을 얼마나 확신하나요?(확신 점수) (1~5점)
1. 0.7 - 0.2	0.5	+5	5
2. 0.4 - 0.1	0.2	-4	4
3. 0.5 - 0.4			
4. 2.3 - 1.1			
5. 5.5 - 3.4			
6. 8.1 - 8.0			
7. 4.7 - 1.8			
8. 3.2 - 2.6			
9. 8.3 - 7.9			
10. 6.2 - 4.3			

1문제당 10점씩 매겨 채점 및 합계 도출

1문제당 x2해서 채점 및 합계 도출

실제 점수의 합계와 확신 점수의 합계 차이가 메타인지의 차이

⑤ 문제에 따른 연습장을 문항지와 함께 제공했습니다. 그래서 학생들의 풀이 과정을 제가 직접 확인 후 오답 여부에 대한 정확한 피드백을 함께 제공하고자 하였습니다.

초등학교 4학년 1학기 3. 끝셈과 나눗셈
확신 평가 연습장 (1~5번 문제)

4학년 3반   번 이름:

연습장				
1번 문제	2번 문제	3번 문제	4번 문제	5번 문제

5. 확신평가 적용 및 결과 분석

학생들에게 앞서 언급된 확신평가, 확신점수의 개념을 안내한 후 '3. 소수의 덧셈과 뺄셈' 단원의 확신평가를 시행했습니다.

검사 시작 전, 확신평가는 수학에서의 확신도 및 이해 정도를 확인하기 위함이지 성적을 매기는 시험 도구가 아님을 충분히 학생들에게 안내했습니다.

그리고 학생들의 긴장감을 낮추기 위해 검사 시작 전 뉴에이지 음악과 명상을 진행했고, 학생들이 시간제한으로 인해 급한 마음으로 계산 실수를 낼 것을 대비하여, 시간제한을 따로 두지 않고 시행했습니다.

〈확신평가 적용 결과 분석〉

메타인지가 높은 유형	메타인지가 낮은 유형
정답률 ↑ 확신점수 ↑ **A유형**	정답률 ↓ 확신점수 ↑ **B유형**
정답률 ↓ 확신점수 ↓ **D유형**	정답률 ↑ 확신점수 ↓ **C유형**

저는 이번 수학과 확신평가의 목적을 수학과 계통성에 따른 문제 해결 과정 속 스스로의 메타인지 확인에 두었습니다. 그렇기에 학생들이 단순히 정답을 많이 맞히는 것이 아닌, 자신이 알고 있다고 생

평가에 확신을 더하다

각하는 개념과 모르고 있다고 생각하는 개념을 확실하게 파악하고 있는지를 중점적으로 확인했습니다. 그리고 메타인지 높낮이에 따라, 학생들을 크게 두 유형으로 분류하였고, 각 유형별 세부 유형을 다시 두 가지씩으로 분류했습니다.

먼저 큰 두 가지 유형으로 분류했을 때, 메타인지가 높은 유형에는 정답률과 확신점수가 모두 높은 A유형과 정답률과 확신점수가 모두 낮은 D유형이 있습니다. 그리고 메타인지가 낮은 유형에는 정답률은 낮으나, 확신점수가 높은 B유형과 정답률은 높으나, 확신점수는 낮은 D유형이 있습니다.

학생들은 평가 결과에 따라 크게 두 가지, 세부적으로는 네 가지 유형으로 분류되며, 세부 유형에 따른 각각의 피드백을 제공받게 됩니다.

(1) [A유형] 정답률 ↑ 확신점수 ↑

정답률과 확신점수가 모두 높은 A유형의 학생들은 정답지의 실제 점수 합계와 확신점수의 차이가 거의 없습니다. 이는 A유형 학생들의 메타인지 정도가 높다고 볼 수 있습니다.

A유형의 학생들은 선생님과 친구들에게 문제 풀이 과정을 직접 칠판으로 보여주며 설명하게 한 후 정확하게 수행했을 시 심화 문제를 피드백으로 제공했습니다.

(2) [D유형] 정답률 ↓ 확신점수 ↓

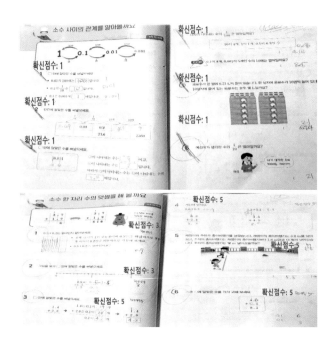

평가에 확신을 더하다

D유형의 학생들은 정답률이 현저히 낮은 학생이지만, 문제에 대한 확신점수를 역시 낮게 채점하였기에, 본인의 메타인지 수준(자신이 모르는 것을 모른다고 알고 있음)은 높은 유형이라고 볼 수 있습니다.

사진 속 학생은 문제들의 오답 결과와 낮게 매겨진 확신점수를 통해, 소수의 개념, 소수 사이의 관계를 이용한 소수의 크기 변화 개념을 전혀 모르고 있는 상태라고 판단했습니다. 그래서 이 학생에게는 방과 후 따로 이에 대한 개념 설명 및 기초 학습 문제를 피드백으로 제공했습니다.

학생에게 피드백을 제공한 결과, 기초 학습 문제를 통해 학습된 개념을 토대로 소수 한 자릿수 및 두 자릿수의 덧셈 및 뺄셈에서 높은 정답률과 확신점수를 보이고 있음을 알 수 있었습니다.

하지만 소수의 덧셈과 뺄셈 개념은 자릿수와 사칙연산의 개념을 알고 있다면 큰 어려움 없이 문제를 해결할 수 있기에, 좀 더 학생의 발전 추이를 지켜보면서 소수와 소수의 관계 개념을 확인하고 있습니다.

(3) [B유형] 정답률 ↓ 확신점수 ↑

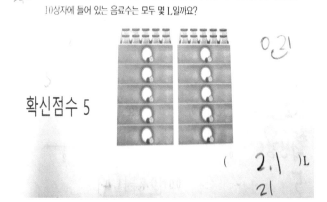

B유형의 학생들은 정답률은 낮으나 확신점수는 높은 유형입니다. 이 유형의 학생들은 문제 해결 과정 속에서 오개념을 가지고 있거나, 계산 실수로 인해 문제를 틀리는 경우가 많습니다.

앞서 사진에 보이는 학생 역시 문제에서 0.21L씩 들어 있는 음료수가 '10병씩 들어 있는' 10상자라는 부분을 꼼꼼히 읽지 못하고, 10상자라는 부분에만 주목하여 문제 풀이를 진행했기에 문제를 맞히지 못했습니다.

학생에게 다시 한번 꼼꼼히 문제를 읽어본 후, 문제를 해결하도록 했더니, 학생은 '아~'라는 탄성과 함께 본인 스스로 문제 해결 과정의 오류를 발견한 후, 정답을 맞힐 수 있었습니다.

B유형의 학생들에게는 꼼꼼히 문제를 읽지 않아, 틀린 문제 혹은

평가에 확신을 더하다

계산 실수에 대한 개별 문제 피드백을 진행했고, 학생의 실수를 반복하지 않게 하기 위해 동형문제를 제공했습니다.

확신점수를 활용한 확신평가를 적용하게 되면, 학생들이 똑같은 문제를 틀렸을지라도, 교사는 학생이 문제 해결 전 매겨놓은 확신점수만 보고서도 학생의 문제 해결 오류를 어느 정도 짐작할 수 있습니다. 그리고 그에 따른 맞춤형 피드백 역시 제공할 수 있다는 장점을 확인할 수 있었습니다.

(4) [C유형] 정답률 ↑ 확신점수 ↓

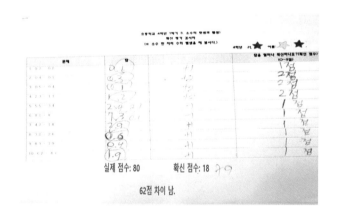

C유형의 학생들은 정답률이 높은 데에 반해, 확신점수는 현저히 낮게 채점되어 있음을 확인할 수 있습니다.

사진 속 학생과는 교사와의 개별 상담을 진행했습니다. 원래 학생의 성향은 평소 말이 별로 없는 편이며, 신중하고 조심성이 많았습니다. 그 성향이 수학적 자신감에도 영향을 미쳐 학생 스스로가 확신점수를 낮게 채점했음을 확인할 수 있었습니다.

학생에게는 우선 틀린 문제의 개념을 재확인 시킨 후 다양한 동형 문제들을 많이 풀게 하고, 그 결과를 확인하게 함으로써 학생의 수학적 자신감을 함양시키는데 초점을 둔 피드백을 제공하였습니다.

6. 확신평가 적용 후기

(1) 교사와 학생의 확신평가 적용 후기 및 아쉬운 점

① 교사의 후기

> 학생들이 문제를 해결하기 전에 아는 것과 모르는 것을 확신도로 구분하여 점수를 매겨가는 과정에서 메타인지에 대한 개념 자체를 체험적으로 익혀갈 수 있었던 점이 굉장히 좋았습니다.
>
> 그리고 결과 확인 후 단일적인 피드백만 제공하던 지난 평가와는 달리 결과보다 학생들의 인지 과정에 초점을 둔 개별 피드백을 학생들에게 제공할 수 있었던 점이 좋았습니다.
>
> 또한 유형에 따른 개별 피드백을 학생들에게 제공하면서, 학생들의 메타인지 수준이 높아지는 것을 가시적으로 확인할 수 있었던 점이 굉장히 좋았습니다.

② 학생들의 후기

오 00 학생: 확신평가를 치르는 동안 재미있고 즐거웠지만, 또한 힘들고 귀찮았습니다.

김 00 학생: 예전보다 확실히 수학 공부를 하는 데 도움이 되었으며, 학원에서도 똑같이 확신점수를 적용하여 공부할 수 있었던 점이 좋았습니다.

송 00 학생: 처음에는 확신점수를 자꾸 문제 풀기 전에 적어야 하는 부분이 귀찮고 재미없었지만, 점점 쉽게 느껴지고 점수를 매기는 부분이 즐겁게 느껴졌습니다.

전00 학생: 예전에는 제가 맞힐 개수나 자신이 자기에게 점수를 매긴다는 게 이상했었는데, 확신평가라는 것을 접하고 나서는 문제를 확실히 알고 넘어가는 느낌이라 좋았습니다.

③ 아쉬운 점

본 수학과 확신평가 적용은 초등학교 4학년 '수와 연산' 영역 중 '3. 소수의 덧셈과 뺄셈 단원' 그리고 '4학년 1개 학급'에 한정되었기에, 다양한 영역과 단원, 더 많은 인원의 적용 사례가 발견된다면, 확신평가의 효능성에 대해 더 깊게 파악할 수 있을 것 같습니다.

수학과 메타인지 수준이 높게 측정되기 위해서는 학생들의 평소 성향, 수학적 자신감 등이 더 많이 고려되어야 했었는데, 그렇지 못했던 점이 아쉽게 느껴졌습니다.

(2) 수학 및 수학익힘교과서 확신평가 적용 장·단점

확신평가를 수학 및 수학익힘교과서에 적용해 봤을 때의 장점과 단점을 분석해 봤습니다.

〈수학 및 수학익힘교과서 확신평가 적용 장점〉
① 교사의 큰 노력 없이, 확신평가와 평가점수 개념 설명 후 바로 투입이 가능
② 확신점수에 따른 학생들의 교과서 개별 문제 피드백이 용이
③ 학생들이 문제에 대한 확신 여부를 한번 짚고 넘어가기에, 기존의 교과서 문제 해결보다 메타인지 인식에 용이

〈수학 및 수학익힘교과서 확신평가 적용 단점〉
① 학생의 문제 해결 과정을 한 눈에 확인하기 어려움
　(문제 풀이 과정을 교과서 외부에 적는 경우 혹은 학생의 글씨와 적은 공간의 크기 등에 따라 모두 다름)
② 학생의 수학 본 차시 메타인지 수준을 한눈에 확인하기 어려움

(3) 확신점수를 활용한 확신평가 문항지 장·단점

교사가 자체 개발한 확신점수를 활용한 확신평가 문항지를 학생들에게 적용해 봤을 때의 장점과 단점을 분석해 봤습니다.

〈 확신점수를 활용한 확신평가 문항지 장점〉
① 학생의 수학 본 차시 메타인지 수준을 한눈에 확인할 수 있음
② 함께 제공된 연습장을 통해 학생의 문제 해결 과정까지 쉽게 확인할 수 있어, 학생의 오개념 여부 확인 및 개별 피드백 제공에 용이

〈확신점수를 활용한 확신평가 문항지 단점〉
확신평가 문항지 제작을 위한 교사의 노력과 수고가 필요

평가에 확신을 더하다

확신평가 적용기 6학년 수학편: 비와 비율

◆

1. 지금 우리 교실은? 무엇을 위한 평가일까?

교실에서 이루어지는 학습은 과목과 단원에 관계없이 하나의 과정을 순환하게 됩니다. 이 사이클은 우리가 흔히 말하는 '교육과정(목표)-수업(학습)-평가'라는 이름으로 진행됩니다. 그중 학생들이 가장 관심이 많으면서도 피하고 싶은 과정은 단연 평가입니다. 그리고 평가는 교사에게도 부담스럽기 마찬가지입니다. 겉으로는 학생의 학습성취도를 평가하는 것처럼 보이지만 동시에 교사도 교육과정 설계는 제대로 되었는지, 수업은 잘 이루어져 아이들이 학습목표에 도달했는지 확인받기 때문입니다.

평가를 위해 알림장에 '수학 1단원 공부해오기'라고 적는 순간, 아이들은 '선생님 이거 수행평가예요?', '틀리면 뭐해요, 어떻게 돼요?', '오답노트 써요?' '언제 시험쳐요?' 등 질문을 퍼붓습니다. 이후 시험을 치고 나면 아이들은 내가 몇 점인지, 몇 개 틀렸는지, 다른 친구들에 비해 얼마나 잘했는지를 궁금해합니다. 자신이 '어떤 것'을 틀렸는지, '왜' 틀렸는지보다는 '얼마나' 틀렸는지에 관심이 있습니다. 이러한 장면은 비단 우리 교실뿐만 아니라 대다수의 교실에서 쉽게 볼수 있는 장면입니다. 그때마다 점수보다는 지금 내가 모르는 것을 확인한 후 앞으로 문제를 틀리지 않는 것이 더 중요하다고 말하지만 아이들은 '네' 하고 대답할 뿐 큰 의미가 없어 보입니다. 그래서인지 아이들에게 평가 후 시험지(문제지)를 직접 채점하게 하면 문제를 틀리는 것이 싫은 아이들이 몰래 오답을 정답으로 고치는 일이 종종 있습니다. 그리고 교사가 채점하면 교사는 아이가 정말 알고 문제를 맞혔는지 그냥 정답을 추측으로 맞혔는지 헷갈리는 경우도 있습니다. 암기한 공식으로 정답을 맞히기는 하지만 정작 설명은 하지 못하거나 모르는데도 찍어 정답을 맞히는 학생들이 있기 때문입니다. 이처럼 '얼마나 배웠는지'가 아니라 '얼마나 틀렸는지'에 초점을 맞추는 평가를 하다 보면 교사가 놓치는 학생들이 발생하게 됩니다. 평가지 한 장의 판단으로 학생들의 배움과 성장을 지원하는 평가의 목적을 놓치게 되는 것입니다.

따라서 교실에서 이루어지는 평가는 학생 개개인에게 맞춤화된 피드백을 제공하여 학생들의 배움과 성장을 지원하는 형식으로 이루어져야 합니다. 이를 위해서 학생들은 자신이 푼 문제에 대해 '맞다, 틀리다'라는 이분법적 접근이 아니라 자신의 상황과 문제 정답 유무에 대한 다차원적인 접근이 필요합니다.

여기에 적합한 평가가 바로 '확신평가'입니다. 학생들이 아는 것은

평가에 확신을 더하다

알고, 알지 못하는 것은 모른다고 인정하고, 그에 따른 도움(피드백)을 주는 방법입니다. 확신평가로 학생들은 스스로 자신들의 학습에 대한 도달 및 미도달 수준의 정보를 확인하고, 각자의 유형에 맞는 피드백 자료를 제공받게 됩니다.

따라서 확신평가는 학생의 배움과 성장을 지원하는 평가의 목적에 충실하며, 교사에게도 수업에 대한 피드백을 제공하는 선순환을 가능하게 합니다. 이러한 이론을 바탕으로 실제 교육 현장에서도 확신평가의 장점이 효과적으로 나타나는지 우리 교실 안에서 적용해 보았습니다.

2. 우리 교실 속 확신평가

(1) 왜 하필 수학일까?

교사는 학교에서 가르치는 모든 과목을 평가합니다. 많은 과목들 중 학생들이 평가로 가장 꺼리는 과목은 바로 '수학'입니다. 수학은 국어와 더불어 주요 과목 중 하나이지만 국어에 비해 수학 시험을 부담스러워하는 비율이 현저히 높습니다. 그 이유는 아이들에게서 쉽게 찾을 수 있었습니다.

우리 반 아이들은 '수학이 싫은 이유가 무엇인가요?'라는 질문에,

'국어는 한글을 읽어 어떻게든 해결할 수 있지만 수학은 뭐부터 시작해야 할지 모르겠어요', '전에 배운 것을 풀 수 없어서 지금 이것도 못해요'와 같은 답을 했습니다. 즉, 수학은 교과의 특징인 '계통성'으로 인해 아이들의 수학 실력은 한번 막히면 다음 단계로 나아가지 못하게 됩니다. 그러면서 아이들은 주눅 들게 되고 점점 수학에서 멀어지며 일명 수포자(수학과목을 포기한 학생)의 길을 걷게 되는 것입니다.

수학이 가진 '계통성'으로 인해 학생들이 수포자의 길로 가는 과정은 교실에서 쉽게 찾을 수 있습니다. 대수 중 중요한 개념인 '분수'를 예로 들어보면 3학년 때 처음 학습하는 분수의 개념을 잘 이해하지 못한 학생들은 4학년 [분수의 덧셈과 뺄셈]을 이해하기 어렵고, 5학년 [분수의 곱셈], 6학년 [분수의 나눗셈]은 더 어려운 상황이 됩니다. 즉, 학년이 올라감에 따라 이전 학년에서 배웠던 내용들을 모두 이해했다고 가정하고, 다음 학년에서는 확장된 개념을 배우게 되는데 이것이 어려운 학생들이 교실에 존재하게 되는 것입니다. 이전 학년에서 공부한 개념들을 이해하지 못한 학생들 말이죠.

또한 몇몇 학생들은 간단한 알고리즘을 암기하여 학습하기 때문에 학습 당시에만 문제해결이 유효하고, 이후에는 해결하지 못하거나 응용된 문제는 해결하지 못하기도 합니다. 그리고 이렇게 수학적 개념을 도구적으로 이해*한 학생들은 앞에서 이야기한 것처럼 수학과의 특징인 '계통성'으로 인해 후속 학습에서 어려움을 겪게 될 수

---

* 　도구적 이해: 스캠프(Skemp,1987)가 구분한 수학 지식의 이해 수준으로, 주어진 규칙을 적용하여 정답을 찾아낼 수 있지만 이유 또는 원리를 알지 못한 채 문제에 적용하는 상태

있습니다. 그러므로 교사는 학생들이 개념을 관계적으로 이해[*]하고 있는지도 살펴볼 필요가 있습니다. 하지만 평가의 전체 결과(점수)로 피드백을 하다 보면 이러한 학생들을 놓치기도 하고, 1대 다수의 교실 상황에서는 교사가 학생들을 일일이 확인하며 피드백을 주는 것이 어렵기도 합니다. 그러므로 학생 스스로가 자신이 알고 있는 개념과 알지 못하는 개념을 스스로 판단할 수 있어야 하며, 그러한 과정은 평가결과 전체에 대한 피드백이 아닌 각 문항별로 피드백을 줌으로써 효과적으로 이루어질 수 있습니다.

따라서 개념의 연속성 및 확장성을 가진 수학과에서 학생 스스로가 자신의 도달 수준을 확인하고, 그에 알맞은 피드백을 제공받는 확신평가를 통해 학생들은 비로소 '얼마나'보다 '왜' 틀렸는지에 관심을 가지게 될 것입니다. 이러한 이유로 확신평가를 통한 문항별 피드백 제공을 수학과에 적용하여 학생의 배움과 성장을 돕는 평가의 목적에 도달하고자 했습니다.

---

[*]   관계적 이해: 스캠프(Skemp,1987)가 구분한 수학 지식의 이해 수준으로, 수학적 관계로부터 특별한 규칙 또는 절차를 이끌어 내는 능력으로 방법과 이유를 아는 상태, 즉 보다 일반적인 수학적 관계로부터 특정한 규칙이나 알고리즘을 연역할 수 있는 상태

(2) 왜 하필 '비와 비율' 단원일까?

초등학교 6학년 수학 교과는 '분수와 소수의 나눗셈', '비와 비율', '직육면체의 겉넓이와 부피', '비례식과 비례배분', '원의 넓이', '원기둥·원뿔·구'로 구성되어 있습니다. 그중 비와 비율 단원은 전시학습으로 수와 연산 영역에서 분수와 소수의 개념 및 연산을 알고 있어야 합니다. 그리고 규칙성 영역에서는 규칙과 대응의 개념을 전시학습으로 알고 있어야 하며, 등식의 성질로 방정식을 해결하는 '비례식'과 분수의 완성을 확인하는 문장제인 '비례배분'이 후속 학습으로 이어집니다. 즉, '비와 비율' 단원은 초등수학에서 반드시 알아야 하는 개념인 '분수, 소수, 분수·소수와 관련된 개념(약분과 통분 등)'과 앞으로 중·고등수학에서 기본이 되는 '방정식' 개념을 잇는 가교역할을 하는 중요한 단원입니다. 그래서 초등학교 수학적 개념형성에 대한 상황을 가장 잘 나타낼 수 있는 '비와 비율' 단원을 확신평가 적용 단원으로 선정하였습니다.

〈수학 계통도〉

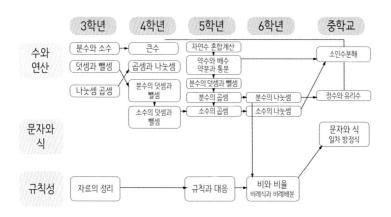

평가에 확신을 더하다

(3) 확신평가 적용대상은 누구일까?

수학과 확신평가는 제가 담임을 맡고 있는 통영시 소재의 6학년 한 학급 22명의 학생들에게 적용해 보았습니다.

(4) 어떻게 적용했나요?

〈확신평가 적용 단계〉

준비	확신평가 개념 및 확신점수 소개 및 안내				

진단평가	진단평가 문항제작	진단평가 실시		유형 분석	진단평가 결과분석 (A, B, C, D유형)

형성평가 (도전 ↓ 재도전 ↓ 피드백)	해당 차시 수학익힘 문제 풀기 (1차평가)			개인 맞춤 피드백 제공
	도전	정답		
		오답	재도전	정답
				오답
	※ 각 문항별 정답과 오답을 확인하여 개인 맞춤형 피드백 제공			
	확신점수에 따른 도움/발전/다시문제 풀기 (2차평가 및 피드백 자료제공)			문항별 8가지 학습자 유형 확인 및 개인 맞춤 피드백 제공
	도전	정답		
		오답	재도전	정답
				오답

총괄평가	총괄평가 문항제작 (상, 중, 하, 개념 및 연산)	총괄평가 실시	진단평가 및 총괄평가 결과 비교 및 분석

사후 설문조사	사후 설문 조사

1) 준비하기

 확신평가를 적용하기 전에 가장 먼저 한 일은 아이들에게 '확신평가'에 대해 안내하는 것이었습니다. 교사에게도 생소한 '확신평가'는 아마 아이들이 살면서 처음 들어본 평가 유형이었을 겁니다. 그래서 아이들에게 '확신평가'를 적용하기에 앞서 충분히 이해시키는 것이 필요하다고 생각했습니다.

 '비와 비율' 단원에서는 '확신평가'를 활용하여 평가해보기로 했다고 하자 아이들의 반응은 두 가지로 나뉘었습니다. 확신평가라는 새로운 것을 한다고 하니 '와, 재밌겠다! 수학 더 열심히 해야겠어요.', '새로운 평가라니 기대돼요!'라는 긍정적인 반응을 보이는 집단과 '시험은 다 싫어요.', '시험 더 많이 치는 거예요?'라고 하면서 평가라는 말에서 벌써 부담을 느끼는 집단이었습니다. 그래서 아이들에게 '확신평가'는 평소에 우리가 시험 치던 것과 달리 '확신'이라는 말에서 알 수 있듯이 문제의 정답 유무뿐만 아니라 자신의 '확신' 정도를 함께 점수로 매기기 때문에 높은 점수를 얻는 것만이 목표는 아니라고 알려주었습니다.

 평가 시 정답을 맞히면 3점, 틀리면 0점이며, 확신도는 3단계 척도 '자신있다', '보통이다', '자신없다'로 구분하여, 정답 유무에 따라 달리 채점했습니다. 정답일 경우 자신있다 3점, 보통이다 2점, 자신없다 1점을 부여하고, 오답일 경우에는 자신있다 -3점, 보통이다 -2점, 자신없다 0점으로 확신점수를 부여했습니다. 그래서 확신도에 따라 점수가 달라진다는 것을 짚어주었습니다. 그리고 자신없다를

-1점이 아닌 0점으로 측정한 이유에 대해 질문한 학생에게는 자신이 없는데, 오답으로 자신의 확신도를 정확하게 측정했기 때문에 점수를 감점하는 것보다는 원래 오답일 때 점수를 얻지 못하는 것과 같게 하기 위해서라고 설명해주었습니다.

〈확신도에 따른 확신점수 적용표〉

평가 결과	확신도	확신점수
정답	자신있다	3점
	보통이다	2점
	자신없다	1점
오답	자신있다	-3점
	보통이다	-2점
	자신없다	0점

또한 아이들에게 확신평가를 시도해보는 이유에 대해 알려주기로 했습니다. 확신평가를 통해 우리가 얻고자 하는 목표를 알려주면 아이들의 참여도가 높을 것이라 생각했기 때문입니다. 그래프를 보여주며 확신평가를 통해 최종 목표는 그래프에 보이는 A로 가는 것이지만 D로 가도 괜찮다고 하면서, B와 C로 가면 후속 학습에서 어떤 일이 발생하는지 알려주었습니다. 정답을 맞히고, 높은 점수를 얻는 것이 평가의 목표가 아니라는 것을 강조했습니다.

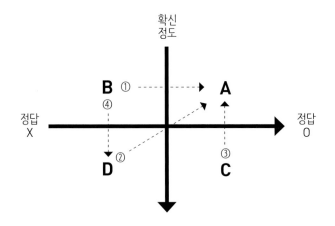

①	오답(계산실수, 오개념 등의 원인), 확신정도가 높음에서 정답, 확신정도가 높음으로 가는 것
②	오답, 확신정도가 낮음에서 정답, 확신정도가 높음으로 가는 것
③	정답(자신감 부족, 행운 등의 원인), 확신정도가 낮음에서 정답, 확신정도가 높음으로 가는 것
④	오답, 확신정도가 높음에서 오답, 확신정도가 낮음으로 가는 것 / 자신이 모르고 있다는 것을 정확하게 인지하는 경우

2) 진단평가 실시하기

'비와 비율' 단원을 학습하기 전 전시학습개념을 평가하기 위해 진단평가를 실시했습니다. 진단평가는 20문항으로 제작하였으며, '분수'의 개념, '소수의 개념', '분수의 곱셈', '약분과 통분', '대응관계' 의 개념 학습 수준을 알 수 있도록 문항을 만들었습니다.

진단평가

4. 비와 비율

OO초등학교 6학년 1반   점수   확신점수

이름:

★ 모든 문항은 정답일 경우 3점입니다. 확신점수는 [정답일 경우, 자신있다:3점, 보통이다:2점, 자신없다: 1점. 오답일 경우, 자신있다:-3점, 보통이다: -2점. 자신없다: 0점으로 처리합니다. 총점은 60점입니다.]

※ 두 발 자전거가 있습니다. 그림을 보고 물음에 답하세요.(1-2)

1. 표를 완성하여 자전거 수와 바퀴 수 사이의 대응 관계를 알아보세요.

자전거 수 (대)	1	2	3	4	5
바퀴 수 (개)	2	4			

확신			
	자신 있다.	보통이다.	자신 없다.

2. 자전거 수를 □, 바퀴 수를 —라고 할 때 □와 —사이의 대응 관계를 식으로 나타내어 보세요.

식:_____

확신			
	자신 있다.	보통이다.	자신 없다.

3. 표를 보고 관계있는 것끼리 이어 보세요.

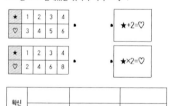

확신			
	자신 있다.	보통이다.	자신 없다.

※ 케이크 한 개는 8조각입니다. 물음에 답하세요.(4-6)

4. 케이크의 수와 케이크 한 조각의 수 사이의 대응 관계를 표를 이용하여 알아보세요.

케이크의 수 (판)	1	3	5	7	…
케이크 조각의 수(조각)	8				

확신			
	자신 있다.	보통이다.	자신 없다.

5. 케이크의 수를 ★, 케이크 조각의 수를 ♡라고 할 때 두 양 사이의 대응 관계를 식으로 바르게 나타낸 것을 모두 찾아 기호를 쓰세요.

㉠ ★+8=♡	㉡ ♡-8=★
㉢ ★×8=♡	㉣ ♡÷8=★

확신			
	자신 있다.	보통이다.	자신 없다.

6. 케이크15판을 한 사람이 한 조각씩 먹는다면 모두 몇 명이 먹을 수 있는지 식을 쓰고 답을 구해보세요.

식:_____
답:_____

확신			
	자신 있다.	보통이다.	자신 없다.

※ 1분에 3L의 물이 나오는 정수기가 있습니다. 물음에 답하세요.(7-8)

7. 물의 양과 받는 시간 사이의 대응 관계를 표를 이용하여 알아보세요.

받는 시간(분)					…
물의 양(L)	3	6	9	12	…

확신			
	자신 있다.	보통이다.	자신 없다.

1

8. 물의 양을 ■, 받는 시간을 ▲라고 할 때 두 양 사이의 대응 관계를 식으로 나타내려고 합니다. ○ 안에 +, −, ×, ÷ 중 알맞은 기호를 써 보세요.

■ ◯ ▲= 3또는

▲ ◯ 3 = ■

확신	자신 있다.	보통이다.	자신 없다.

9. □안에 알맞은 분수 또는 소수를 써 보세요.

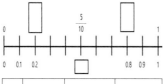

확신	자신 있다.	보통이다.	자신 없다.

10. 그림을 보고 □안에 알맞은 수를 써 넣으세요.

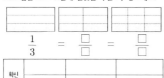

$$\frac{1}{3} = \frac{\Box}{\Box} = \frac{\Box}{\Box}$$

확신	자신 있다.	보통이다.	자신 없다.

11. 두 분수를 통분하여 크기를 비교해 보세요.

$$\left(\frac{1}{3}, \frac{2}{7}\right) \Rightarrow \left(\frac{\Box}{\Box}, \frac{\Box}{\Box}\right)$$

$$\Rightarrow \left(\frac{1}{3} \bigcirc \frac{2}{7}\right)$$

확신	자신 있다.	보통이다.	자신 없다.

12. 분수는 소수로, 소수는 분수로 나타내어 보세요.

$$\frac{1}{4} \qquad \frac{3}{8}$$

0.03   0.29

확신	자신 있다.	보통이다.	자신 없다.

13. 다음 수 중 가장 큰 수를 적으세요.

$$1\frac{1}{2} \quad 0.9 \quad \frac{4}{5} \quad 1.3 \quad 1\frac{2}{5}$$

(   )

확신	자신 있다.	보통이다.	자신 없다.

14. $\frac{1}{2} \times 3$의 계산 결과를 그림으로 바르게 나타낸 것을 고르세요. (   )

①
0   1

②
0   1

③
0   1

④
0   1 0   1   1

⑤
0   1 0   1

확신	자신 있다.	보통이다.	자신 없다.

평가에 확신을 더하다

15. 색칠된 부분의 넓이를 구하는 곱셈식으로 바르게 나타낸 것을 고르세요. (　　　)

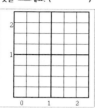

① 4×4　② $\frac{4}{6}\times\frac{5}{8}$　③ $\frac{1}{3}\times\frac{1}{4}$

④ 3×4　⑤ $1\frac{1}{3}\times1\frac{1}{4}$

확신			
	자신 있다.	보통이다.	자신 없다.

16. 1÷6의 몫을 그림으로 나타내어 보세요.

확신			
	자신 있다.	보통이다.	자신 없다.

17. 물2L를 남학생 9명이 남김없이 똑같이 나누어 마셨습니다. 한 명이 마신 물은 몇 L인지 분수로 나타내어 보세요.

식:_____

답:_____

확신			
	자신 있다.	보통이다.	자신 없다.

18. 다음 중 바르게 연결이 된 것을 모두 고르세요.
　(　　　)

	분수	소수	읽기
①	$\frac{2}{100}$	0.2	영점 이
②	$\frac{34}{100}$	0.34	영점 삼십사
③	$\frac{2}{100}$	0.02	영점 영이
④	$\frac{34}{100}$	0.34	영점 삼사
⑤	$\frac{2}{100}$	0.02	영점 이

확신			
	자신 있다.	보통이다.	자신 없다.

19. 다음 중 두 수의 분수로 바꾸어 크기를 비교해 보세요.

(1)　　0.7 = (　　) 〇 $\frac{8}{10}$

(2)　　0.5 = (　　) 〇 $\frac{4}{10}$

확신			
	자신 있다.	보통이다.	자신 없다.

20. 다음 중 나타내는 수가 0.5인 것을 모두 고르세요. (　　　)

① 0.005의 10배

② 50의 $\frac{1}{10}$

③ 0.05의 10배

④ 50의 $\frac{1}{100}$

⑤ 0.05의 $\frac{1}{10}$

확신			
	자신 있다.	보통이다.	자신 없다.

3

3) 진단평가 결과 분석하기

진단평가 결과 일반점수는 학급 평균은 44.45점[60점 만점(3점×20문제)]이었고, 확신점수는 35점[60점 만점(3점×20문제)]이었습니다. 평가 결과 중 눈여겨 볼만한 것은 비교적 점수가 높은 친구들은 확신점수와 일반점수의 차이가 크지 않았지만 일반점수가 평균보다 낮은 학생들 대부분은 확신점수와 일반점수 차이가 10점 이상 났다는 것입니다.

〈진단평가 확신평가 결과표〉

이름	일반점수	확신점수	차이 (일반점수-확신점수)
강00	39	22	17
공00	57	54	3
김00	45	40	5
김00	51	40	11
김00	42	29	13
김00	39	28	11
김00	51	40	11
김00	57	54	3
김00	57	54	3
김00	54	45	9
박0	27	8	14
박00	27	26	1

⟨60점 만점(3점×20문제)⟩

이름	일반점수	확신점수	차이 (일반점수-확신점수)
박OO	42	27	15
박OO	27	14	13
송OO	60	60	0
신OO	48	32	16
장OO	33	21	12
정OO	54	50	4
지OO	48	45	3
한OO	39	23	16
한OO	36	22	14
박OO	48	36	12
합계	981	770	
평균	44.59	35.00	9.36

또한 일반점수와 확신평가 점수의 차이가 0점인 학생은 학급에서 가장 높은 점수를, 일반점수와 확신평가 점수의 차이가 1점인 학생은 학급에서 가장 낮은 점수를 받은 학생 중 1명이었습니다.

4) 형성평가 실시하기

형성평가는 크게 3단계로 이루어졌습니다.

'1단계: 수학교과서를 활용한 차시 학습 ⇨ 2단계: 확신평가를 적용한 수학익힘교과서 풀기 ⇨ 3단계: 확신점수 유형에 따라 맞춤형 피드백 문제(도움/발전/다시문제) 풀기'로 진행했습니다.

1단계	수학교과서를 활용한 차시학습

⇩

2단계	확신평가를 적용하여 수학익힘교과서 풀기		
	정답	오답	
	⇩	⇩	
		교사의 채점 후 다시 기회 제공 재도전 (학생 스스로)	
		⇩	
		정답	오답
		⇩	
		각 문항에 알맞은 피드백 제공	
		학생 스스로 오류 확인 및 수정	학생의 오개념 확인 및 수정
3단계			

① 1단계 및 2단계(수학익힘교과서를 활용한 확신평가)

수학교과서로 학습 후 확신평가를 적용하여 해당 차시의 수학익힘교과서를 풀었습니다. 학생들은 4-6개의 문항을 풀면서 각각 문항에 대한 확신도를 표시하였습니다. 그리고 확신도는 라벨지에

확신	자신 있다	보통이다	자신 없다

표를 인쇄하여 학생들이 스티커처럼 문제 밑에 붙어 사용할 수 있도록 했습니다.

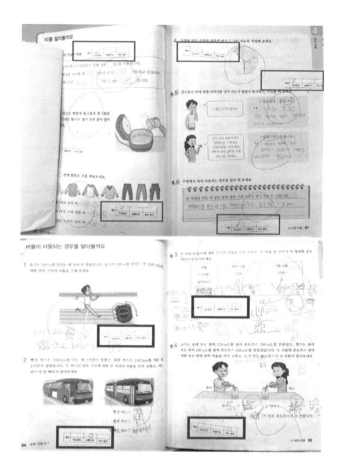

　　이후 교사의 채점 후 학생들은 평가 결과를 확인하고, 오답인 문항이나 정답이더라도 확신도가 낮은 문항을 한 번 더 풀어보도록 했습니다. 한 번의 기회 제공 후에도 오답인 학생들에게는 교사가 개별적으로 학생들에게 피드백을 제공하여 학생들의 오개념을 확인하고 수정하거나, 바른 개념을 알 수 있도록 피드백을 주었습니다.

② 3단계(2단계 결과에 따른 문항을 활용한 확신평가 및 피드백)

〈확신평가를 적용한 형성평가 과정 2〉

		정답	확신 유형		문제 유형	정답	학습자 유형
3단계	확신유형에 따라 '발전문제' '다시문제', '도움문제'를 골라 풀기	O	자신있다	⇨	발전 문제	O	완성형
						×	보류형
		O	자신없다/ 보통이다	⇨	다시 문제	O	신중형
						×	행운형
		×	자신있다	⇨	다시 문제	O	과신형
						×	오류형
		×	자신없다/ 보통이다	⇨	도움 문제	O	기초형
						×	지원형
문항별 8가지 유형(완성형, 보류형. 신중형, 행운형, 신중형, 행운형, 기초형, 지원형) 으로 분류하여 피드백 제공							

　각각의 문항의 정답 유무와 확신유형에 따라 학생들은 교사가 사전에 제작한 '발전문제', '다시문제', '도움문제'를 풀도록 했습니다. 하나의 문항에 '발전문제(심화)', '다시문제(동형)', '도움문제(기초)' 총 3개의 문항이 제공되며, 학생들은 자신의 수준에 따라 스스로 문제를 선택하여 풀게 됩니다.

평가에 확신을 더하다

2 비교하는 양과 기준량을 찾아 쓰고 비율을 구해 보세요.

비	비교하는 양	기준량	비율
12 : 15			
7과 20의 비			
9에 대한 27의 비			

첫 번째 사진은 수학익힘교과서 52쪽 2번 문항입니다. 사진에서 볼 수 있듯이 '다시문제'는 수학익힘교과서에 있는 동일 유형으로 제시합니다. '발전문제'는 수학익힘교과서에 있는 문항보다 심화된 형태로 단순히 비율을 구하는 것이 아니라 다양한 비율의 형태를 알고, 비율을 구하고, 비교하는 등의 발전된 문제를 제시합니다. '도움문제'는 수학익힘교과서에 제시된 문제보다 기초유형으로 문제를 해결할 수 있는 도움말 및 풀이과정을 문제에 제공했습니다.

자신의 유형에 맞는 다시·발전·도움문제를 푼 후 교사는 학생들에게 평가결과에 따라 각 문항에 따른 8가지 학습자 유형을 분류하여, 관련 피드백을 주었습니다.

수학익힘 2번 문항에서 보류형에 속한 학생들에게는 계산 실수가 있는지 확인해볼 수 있도록 피드백을 주었고, 그 결과 보류형 학생들은 모두 정답을 맞혔습니다. 과신형에 속한 학생들은 비와 비율의 개념을 살펴보며 비교하는 양과 기준량을 혼돈하지 않도록 피드백을 주었습니다. 그리고 오류형 및 기초형에 속한 학생에게는 과신형 학생과 마찬가지로 비와 비율의 개념을 살펴보고, 비를 분수로 바꾸는 경우(1. 비의 항의 2개여야 한다. 2. 두 항이 부분과 전체와 관계면 분수 $\frac{부분}{전체}$ 로 나타낼 수 있다. 3. (전항):(후항)=(비교하는 양):(기준량)이라면 분수 $\frac{비교하는 양}{기준량}$ 으로 나타낼 수 있다)에 대해 알아볼 수 있게 지도했습니다. 신중형에 속한 학생에게는 다시문제 풀이 후 발전문제에 도전하여 정답을 맞혀봄으로써 자신의 풀이에 확신을 가질 수 있게 해주었습니다. 행운형 학생은 도움문제를 풀어 비율에 대한 개념을 정확하게 가질 수 있도록 피드백을 주었습니다.

〈수학익힘 52쪽 2번〉

B유형	A유형
과신형:2명	완성형:9명
오류형:1명	보류형:4명
D유형	**C유형**
기초형:2명	신중형:3명
지원형:0명	행운형:1명

⇒

B유형	A유형
	21명
D유형	**C유형**
1명	

피드백 결과 학생들에게는 변화가 보였습니다. 위의 표에서 볼 수 있듯이 수학익힘 52쪽 2번 문항에서는 'A유형: 13명', 'B유형: 3명', 'C유형: 4명', 'D유형: 2명'으로 결과가 나왔습니다. 그런데 이와 유사 문항으로 출제한 총괄평가 4번(책97쪽) 문항의 결과 22명 중 A유형: 21명, D유형: 1명이었습니다.

결과적으로 문항을 활용한 확신평가는 학생들에게 단순히 피드백을 제공하는 것에서 그치는 것이 아니라 학생들에게 피드백을 활용할 기회를 주는 역할을 합니다. 그리고 이 과정이 반복될수록 학생들은 제공받은 피드백을 토대로 자신의 학습성취를 확인하고 능동적으로 적극적으로 활용할 수 있습니다.

강00

문제	정답	확신유형	점수	확신점수	유형
1	O	자신있다	3	3	완성형
2	O	자신있다	3	3	완성형
3	O	자신없다	3	1	신중형
4	O	보통이다	3	2	신중형
5	X	자신있다	0	-3	오류형
6	O	자신있다	3	3	완성형
			15	9	

강00

문제	정답	확신유형	점수	확신점수	유형
1	O	자신있다	3	3	완성형
2	O	자신있다	3	3	완성형
3	X	보통이다	0	-2	과신형
4	O	자신있다	3	3	행운형
5	O	자신있다	3	3	완성형
6	O	보통이다	3	2	신중형
			15	12	

공00

문제	정답	확신유형	점수	확신점수	유형
1	X	자신있다	0	-3	과신형
2	O	자신있다	3	3	완성형
3	O	자신있다	3	3	완성형
4	O	자신있다	3	3	완성형
5	X	자신있다	0	-3	과신형
6	O	자신있다	3	3	완성형
			12	6	

공00

문제	정답	확신유형	점수	확신점수	유형
1	O	자신있다	3	3	완성형
2	O	자신있다	3	3	완성형
3	O	자신있다	3	3	완성형
4	O	자신있다	3	3	완성형
5	O	자신있다	3	3	완성형
6	O	자신있다	3	3	완성형
			18	18	

또한 학생 개인별 평가표를 파일로 작성하고, 유형을 분석하여 학생들에게 제공했습니다. 이를 통해 학생들은 평가표를 확인하며 자신이 어떤 유형인지 파악하고, 각 문항에 관련된 개념 및 자신에게 약한 문제 유형 등을 알 수 있었습니다. 즉, 학생들은 이 일련의 과정을 통하여 얼마나 배웠는지, 어떤 것을 더 배워야 하는지 확인하고, 이를 토대로 자신의 학습을 개선하는데 필요한 정보를 얻을 수 있습니다.

5) 총괄평가 실시 및 결과분석

그동안 학습했던 수학익힘교과서와 다시·발전·도움문항을 바탕

평가에 확신을 더하다

으로 총괄평가를 제작하였습니다. 총괄평가 문항은 난이도별로는 '하: 5문항', '중: 11문항', '상: 4문항'으로, 단원의 중요 개념(비/비율/백분율)별로는 '비 관련: 4문항', '비율 관련: 8문항', '백분율 관련: 8문항'으로 구성하였습니다.

〈총괄평가 유형, 정답률 및 평균확신점수 결과표〉

문제	난이도	유형	정답률	평균확신점수	문제	난이도	유형	정답률	평균확신점수
1	하	비/개념	100%	3	11	상	비율/개념·연산	55%	1.36
2	하	비/개념	95%	2.86	12	상	비율/개념·연산	59%	1.18
3	중	비율/개념·연산	95%	2.86	13	중	백분율/개념	82%	2.32
4	중	비/개념	95%	2.86	14	하	백분율/개념	86%	2.55
5	중	비율/개념	95%	2.86	15	중	백분율/개념·연산	77%	2.23
6	하	비/개념	95%	2.77	16	중	백분율/개념·연산	50%	1.50
7	중	비율/개념·연산	95%	2.86	17	중	백분율/개념·연산	68%	1.91
8	상	비율/개념·연산	64%	1.41	18	하	백분율/개념	86%	2.55
9	중	비율/개념·연산	82%	2.23	19	중	백분율/개념·연산	77%	2.00
10	중	비율/개념·연산	91%	2.55	20	상	백분율/개념·연산	45%	0.82

위에 제시된 표를 보면, 문제 난이도가 '상'일 때 정답률 및 확신점수는 난이도가 '중', '하'일 때보다 낮다는 것을 볼 수 있습니다. 이는 자연스러운 결과이지만 16번, 17번 문항은 난이도가 '중'이지만 정답률과 확신점수가 낮다는 것을 확인할 수 있습니다. 이를 통해 교사는 평가 문항에 대한 신뢰도를 성찰할 수 있었습니다. 16번, 17번 문항의 경우 개념은 까다롭지 않았지만 정답 유무에 따라 확신점수가 낮은 학생들의 결과를 보았을 때, 3800÷1900의 나눗셈 과정에서 38의 약수로 19와 2를 찾는 것이 쉽지 않거나, 나눗셈이 딱 나누어 떨어지지 않아 계산과정에서 확신도가 낮았다는 것을 알 수 있었습니다.

　이처럼 교사는 학생들의 수행과정을 일일이 확인하지 않고도 확신평가를 통해 학생들의 학습성취도를 비교적 정확하게 확인하여, 학생 개별 맞춤형 피드백을 제공할 수 있었습니다. 즉, 확신평가로 교사는 일반 평가보다 적은 노력으로 학생의 학업성취도를 파악하고, 이를 통해 학생에 개개인에게 맞춤화된 피드백을 제공할 수 있습니다.

★ 모든 문항은 자신있 경우 3점입니다. 확신점수는 [정답일 경우, 자신있다:3점, 보통이다:2점, 자신없다: 1점, 오답일 경우, 자신있다:-3점, 보통이다: -2점, 자신없다: 0점으로 채점합니다. 총점은 60점입니다.]

1. 아래의 그림을 보고, 전체에 대한 색칠한 부분의 비를 구하세요.

□ : □　　　　□ : □

확신			
	자신 있다.	보통이다.	자신 없다.

2. 아름이는 슈퍼마켓에서 우유를 딸기맛 6개, 바나나맛 10개, 초콜릿맛 □ 개를 샀습니다. 아름이가 산 우유는 총 20개라고 할 때, 전체 우유 수에 대한 초콜릿맛 우유 수의 비를 구하세요.

□ : □

확신			
	자신 있다.	보통이다.	자신 없다.

3. 비율이 같은 것끼리 선으로 이어보세요.

1의 5에 대한 비 •　　• $1\frac{1}{4}$　　• 0.375

5와 4의 비 •　　• $\frac{3}{8}$　　• 0.2

8에 대한 3의 비 •　　• $\frac{1}{5}$　　• 1.25

확신			
	자신 있다.	보통이다.	자신 없다.

4. 다음 중에서 기준량이 큰 것부터 차례대로 기호를 쓰세요.

㉠ 7과 8의 비	㉡ 15의 11에 대한 비
㉢ 6대9	㉣ 20에 대한 13의 비

(　 , 　 , 　 , 　)

확신			
	자신 있다.	보통이다.	자신 없다.

5. [★★초등학교의 비밀] 상영 입장객은 모두 200명이었습니다. 이 중 남자가 96명 이었다면, 남자 입장객수에 대한 여자 입장객 수의 비율을 분수로 나타내어 보세요.

(　 　)

확신			
	자신 있다.	보통이다.	자신 없다.

6. 다음 중 주어진 비를 잘못 읽은 것을 고르세요.

(　)

8 : 13

① 8 대 13　　② 8에 대한 13의 비　　③ 8과 13의 비

④ 8의 13에 대한 비　　⑤ 13에 대한 8의 비

확신			
	자신 있다.	보통이다.	자신 없다.

7. 아름이는 방의 구조를 종이에 그리려고 합니다. 100cm를 1cm로 그린다면 실제 길이에 대한 지도에서의 길이의 비율은 얼마인지 고르세요. (　)

① 0.2　　② 0.1　　③ 0.05

④ 0.01　　⑤ 0.11

확신			
	자신 있다.	보통이다.	자신 없다.

1

8. 다음 중 비율을 구하여 비교했을 때, 가장 높은 비율과 가장 낮은 비율을 각각 찾아보세요.

| 7 : 25 | 0.3 | $\frac{6}{15}$ | 32% |

높은 비율(   ), 낮은 비율(   )

확신			
	자신 있다.	보통이다.	자신 없다.

9. 넓이가 $20cm^2$인 직사각형의 가로에 대한 세로의 비율을 구하세요.

(   )

확신			
	자신 있다.	보통이다.	자신 없다.

10. 동전 한 개를 20번 던져서 그림 면이 8번 나왔습니다. 던진 횟수에 대한 그림 면이 나오는 횟수의 비율을 분수와 소수로 각각 나타내어 보세요.

분수(   ), 소수 (   )

확신			
	자신 있다.	보통이다.	자신 없다.

11. 아름이는 티셔츠 8장, 바지 7장을 가지고 있습니다. 티셔츠 대 바지의 비율과 티셔츠에 대한 바지의 비율의 합을 구해보세요.

(   )

확신			
	자신 있다.	보통이다.	자신 없다.

12. 야구 경기에서 전체 타수에 대한 안타의 비율을 타율이라고 합니다. 다음 두 사람 중 누구의 타율이 더 높은지 풀이과정을 쓰고, 구하세요.

아름: 나는 25타수 중에서 안타를 7개 쳤어

다름: 나는 15타수 중애서 안타를 4개 쳤어

[풀이과정] _____

_____

_____

[정답] (   )

확신			
	자신 있다.	보통이다.	자신 없다.

13. 아름이는 전체가 240쪽인 동화책을 읽고 있습니다. 오늘 90쪽을 읽었다면 몇 %를 읽은 것인지 구해보세요.

(   )

확신			
	자신 있다.	보통이다.	자신 없다.

14. 비율을 백분율로 바르게 나타낸 것을 모두 찾아고르세요. (   )

① $\frac{2}{10}$ ⇨   2%

② 5.2   ⇨   52%

③ $\frac{2}{5}$ ⇨   40%

④ 0.61   ⇨   6.1%

⑤ $\frac{4}{25}$ ⇨   16%

확신			
	자신 있다.	보통이다.	자신 없다.

2

평가에 확신을 더하다

15. 마트에서 4000원인 바나나를 25% 할인한다고 쓰여 있습니다. 아름이는 얼마를 지불하면 바나나를 살 수 있는지 구해보세요.

(   )

확신	자신 있다.	보통이다.	자신 없다.

16. 자동차 기름값이 1L에 1900원에서 1938원으로 올랐습니다. 몇 % 올랐는지 구해보세요.

(   )

확신	자신 있다.	보통이다.	자신 없다.

17. 아름이는 농구공을 24번 던져 18번을 성공시켰습니다. 다름이는 40번을 던져 24번을 성공시켰습니다. 각각의 성공률을 구하고, 더 높은 사람을 구해보세요.

아름 성공률(   ), 다름 성공률 (   )

더 높은 사람(   )

확신	자신 있다.	보통이다.	자신 없다.

18. 비율만큼 색칠해보세요.

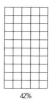

42%   25%

확신	자신 있다.	보통이다.	자신 없다.

19. ★★초등학교 전교어린이회장 선거에서 투표한 학생은 모두 300명입니다. 그 중에서 아름이는 35%, 다름이는 28%, 나름이는 25%, 나머지는 바름이가 득표했습니다. 바름이가 얻은 표 수를 구해보세요.

① 30   ② 75   ③ 36

④ 84   ⑤ 12

확신	자신 있다.	보통이다.	자신 없다.

20. 홍차 원액이 담겨있는 병에 물 150g을 넣어 밀크티 200g을 만들었더니 진하기가 25%가 되었습니다. 이 밀크티에 물 50g을 더 넣었다면 진하기는 얼마가 되는지 고르세요.

① 10%   ② 15%   ③ 20%

④ 25%   ⑤ 30%

확신	자신 있다.	보통이다.	자신 없다.

3

〈총괄평가 확신평가 결과표〉

이름	일반 점수	확신 점수	차이 (일반점수-확신점수)
강OO	48	44	4
공OO	60	60	0
김OO	48	40	8
김OO	57	57	0
김OO	54	51	3
김OO	51	44	7
김OO	57	54	3
김OO	57	57	0
김OO	60	60	0
김OO	60	60	0
박O	33	21	12
박OO	12	12	0

〈60점 만점(3점×20문제)〉

이름	일반 점수	확신 점수	차이 (일반점수-확신점수)
박OO	60	60	0
박OO	18	12	6
송OO	57	54	3
신OO	48	48	0
장OO	48	46	0
정OO	57	57	0
지OO	48	45	3
한OO	54	51	3

한OO	24	20	4
박OO	42	30	12
합계	1053	986	
평균	47.86	44.82	2.95

진단평가 확신평가 합계	981	770	
진단평가 확신평가 평균	44.59	35.00	9.36
총괄평가 확신평가 합계	1053	986	
총괄평가 확신평가 평균	47.86	44.82	2.95

총괄평가 결과 진단평가에 비해 대부분의 학생들의 일반점수와 확신점수의 차이가 현저하게 줄었습니다. 또한 학생들의 학습성취도가 전체적으로 향상된 모습을 보였습니다. 매 차시 학습 후 학생들 개별 맞춤 피드백을 제공하고, 각 문항별로 학습자 유형을 분석하여 학생들에게 안내해줌으로써 학생들은 스스로 학업성취를 점검하고 자신에게 알맞은 학습을 할 수 있었습니다. 평가는 학생의 배움과 성장을 지원해야 한다는 점에서 확신평가는 교사에게뿐만 아니라 학생들에게도 유의미한 결과를 주었습니다.

7) 적용결과

확신평가를 적용한 단원을 마무리한 후 학생들을 대상으로 간단한 설문조사를 실시했습니다.

〈확신평가 설문 질문지〉

순	설문 문항
1	처음 확신평가를 한다고 했을 때 어떤 생각이 들었나요?
2	그동안 공부했던 수학과 달리 문제를 풀 때, 자신있다/보통이다/자신없다를 체크하면서 문제를 푸니 다른 점이 있었나요? 있었다면 구체적으로 적어주세요.
3	수학익힘 문제를 풀고나서 자신의 수준에 맞게 관련 문제(다시문제/발전문제/도움문제)를 푸는 것은 '비와 비율' 공부를 하는 데 도움이 되었나요? 되지 않았다면 이유를 구체적 으로/되었다면 이유를 구체적으로 적어주세요.
4	이번 단원에서 확신평가를 적용해본 결과 느낀점을 적어주세요.

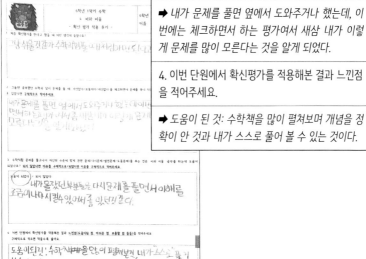

2. 그동안 공부했던 수학과 달리 문제를 풀 때, 자신있다/보통이다/자신없다를 체크하면서 문제를 푸니 다른 점이 있었나요? 있었다면 구체적으로 적어주세요.

➡ 내가 문제를 풀면 옆에서 도와주거나 했는데, 이번에는 체크하면서 하는 평가여서 새삼 내가 이렇게 문제를 많이 모른다는 것을 알게 되었다.

4. 이번 단원에서 확신평가를 적용해본 결과 느낀점을 적어주세요.

➡ 도움이 된 것: 수학책을 많이 펼쳐보며 개념을 정확이 안 것과 내가 스스로 풀어 볼 수 있는 것이다.

3. 수학익힘 문제를 풀고나서 자신의 수준에 맞게 관련 문제(다시문제/발전문제/도움문제)를 푸는 것은 '비와 비율' 공부를 하는데 도움이 되었나요? 되지 않았다면 이유를 구체적으로/되었다면 이유를 구체적으로 적어주세요.

➡ 도움이 되었다. 내가 어떤 문제를 어려워하고 어떤 개념을 잘 알고 있는지 알게되었고, 수준에 맞게 풀게 되면서 학습에 도움이 되었다.

2. 그동안 공부했던 수학과 달리 문제를 풀 때,
자신있다/보통이다/자신없다를 체크하면서 문제를 푸니 다른 점이 있었나요? 있었다면 구체적으로 적어주세요.

➡ 예전에는 문제를 풀 때 내가 자신있는지 없는지 확인도 별로 하지 않고, 신경도 쓰지 않았는데 이렇게 체크하면서 문제를 푸니까 내가 어떤 문제는 개념을 정확히 알고 자신있다는 걸 알게되고, 어떤 문제는 자신없다는 것을 확인할 수 있었다.

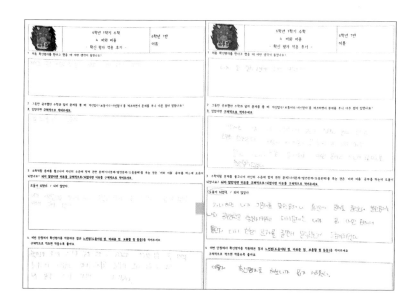

2. 그동안 공부했던 수학과 달리 문제를 풀 때,
자신있다/보통이다/자신없다를 체크하면서 문제를 푸니 다른 점이
있었나요? 있었다면 구체적으로 적어주세요.

➡ 확신정도를 체크하며 문제를 푸니 평소와는 다르게 자신감이 생
기거나, 자신있다로 표시하면 왠지 모르게 뿌듯함이 들었고, 나의 확
신정도를 돌아보는 것은 좋은 경험이었다는 생각이 드렀다.

3. 수학익힘 문제를 풀고나서 자신의 수준에 맞게 관련 문제(다시문
제/발전문제/도움문제)를 푸는 것은 '비와 비율' 공부를 하는데 도움
이 되었나요? 되지 않았다면 이유를 구체적으로/되었다면 이유를
구체적으로 적어주세요.

➡ 도움이 되었다. 문제를 다시 풀고, 발전 문제를 풀고 또는 도움문
제를 풀다보니 실력이 느는 것 같고, 평소에는 한번만 보고 넘어가는
문제들을 두 번 이상으로 풀어보니 이해도 더 잘 되었다. 다음엔 이
문제가 나오면 틀리지 않고 풀 수 있을 것 같다는 생각이 들었다.

평가에 확신을 더하다

2. 그동안 공부했던 수학과 달리 문제를 풀 때, 자신있다/보통이다/자신없다를 체크하면서 문제를 푸니 다른 점이 있었나요? 있었다면 구체적으로 적어주세요.

➡ 문제에 대해 더 깊게 생각 할 수 있었던 시간인 것 같았고, 자신있다를 체크하고 싶은 마음에 더 열심히 문제에 대해 이해하려고 했다.

3. 수학익힘 문제를 풀고나서 자신의 수준에 맞게 관련 문제(다시문제/발전문제/도움문제)를 푸는 것은 '비와 비율' 공부를 하는데 도움이 되었나요? 되지 않았다면 이유를 구체적으로/되었다면 이유를 구체적으로 적어주세요.

➡ 도움이 되었다. 문제를 풀고나서 추가적으로 부족한 부분(다시문제, 도움문제)과 발전적인 부분(발전문제)을 모두 풀어 볼 수 있어서 더 도움이 되었던 것 같다.

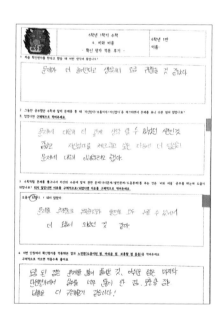

설문조사 결과 많은 학생들이 확신평가가 공부를 하는 데 '도움이 되었다.'고 답했습니다. 단순히 문제를 푸는 것에서 그치는 것이 아니라 자신의 확신정도를 표시하는 과정에서 문제를 이해하고, 문제를 신중하게 풀 수 있게 되었다고 했습니다. 또한 문제를 푸는 과정에서 조금만 어려우면 문제를 포기해서 틀리거나 친구에게 '이 문제 좀 알려줘.', '가르쳐줘.'라고 했던 이전과 달리 정답에 연연하지 않게 됨으로써 스스로 문제를 해결하려고 노력하게 되었다고 하였습니다. 이러한 학생들의 답변을 보니 확신평가는 학생들에게도 도움이 되었다는 것을 알 수 있었습니다.

문제를 맞고 틀리고 또는 시험을 친 후 점수가 몇 점이고, 다른 친구들보다 잘 쳤는지 못 쳤는지보다 '내가 이 문제를 왜 틀렸을까?'를 돌아보면서, 남과 '비교'가 아닌 스스로의 '성장' 및 '성찰'에 초점을 맞추게 되었다는 점에서 확신평가는 수학 학습능력 향상뿐만 아니라 학습 태도 및 학습 상황을 모니터링하고 조절하는 자기주도적 학습 역량을 갖추는데도 긍정적인 영향을 주었다고 생각합니다.

3. 앞으로 우리 교실은 확신평가만이 정답일까?

'잘 가르치고 싶다.'

교사로서 늘 가지고 있는 바람입니다. 아마 교사라면 대부분 같은 바람을 가지고 있을 겁니다. 그래서 수업을 열정적으로 한 후 스스로 만족감을 가지며 뿌듯하다가도 평가 후 학생들의 학습성취가 그만큼 나타나지 않을 때는 그것만큼 허무한 것이 없습니다. 평가는 학생들이 일방적으로 받는 것처럼 보이지만 학생들의 학습성취와 더불어 교사의 가르침도 동시에 평가받는 셈입니다. 즉, 평가는 학생들이 자신의 학습성취도를 확인하고, 성찰하는 것도 있지만 교사도 수업에 대한 확인을 받고, 평가 결과를 활용하여 교수·학습을 성찰하고 질을 개선해야 하는 것입니다.

이를 위해서는 학생 개인별로 얼마나 배웠는지 학습성취도를 확인, 분석하여 학생의 학습 수준에 따라 수업을 달리해야 하는데 1대 다수의 교육 현장에서는 이를 행하기가 쉽지 않습니다. 이번 확신평가를 적용하는 데도 있어 교사로서 무척이나 분주했습니다. 학생들 개개인의 확신점수를 통해 학업성취를 확인하고 피드백을 주고, 이를 토대로 각각의 문항들을 제작해야 했기 때문입니다. 보통 수학 한 단원을 학습할 때보다 시간이 2배 이상으로 걸렸으며, 수업 준비는 3배 이상 해야 했고, 수업 후에도 맞춤형 피드백 제공 및 평가표 작성으로 많은 시간을 할애해야 했습니다. 그리고 이것들은 초등교사가 수학만을 가르치고, 평가하는 것이 아니라는 점에서 더욱 힘겨

웠습니다. 하지만 확신평가를 바탕으로 학생 개별화된 맞춤형 피드백은 학생들 개개인의 배움과 성장에 있어 효과적인 결과를 보였습니다. 그래서 여러 평가자료(문항 등)가 바탕 된다면 계속해서 적용해 보고 싶은 마음이 들었습니다. 이는 학생들의 반응도 마찬가지였습니다.

이번 확신평가 적용을 통해 교사의 열정 및 수고를 조력하고, 학생들의 평가와 피드백을 효율적으로 제공할 수 있는 온라인 또는 인공지능(AI)을 활용한 시스템이 우선 마련되는 것이 필요하다는 생각이 들었습니다. 시스템이 뒷받침 된다면 확신평가는 학생과 교사 모두에게 보다 풍성한 가르침과 배움을 줄 수 있는 유용한 평가 방법으로 활용될 것입니다.

평가에 확신을 더하다

확신평가 적용기 6학년 수학편: 수·확·해 프로젝트
(확신평가를 통한 기초학력 향상방안)

1. 우리 학교 이야기

우리 학교는 '동양의 나폴리'라고 불리는 경상남도 통영시 중심부에 위치한 학교입니다. 우리 학교는 몇 년 전만 하더라도 통영 내에서는 학력이 가장 높았습니다. 하지만 주변에 새로운 신도시가 들어서고 아파트를 중심으로 생긴 새로운 학교들의 학력 수준이 전반적으로 높아 이제는 학력이 가장 높다고 말하기 어렵습니다. 저는 이학교에서 전담 교사를 2년, 6학년 담임교사를 2년을 하고 있으며, 3년간 기초학력 관련 업무를 하고 있습니다. 4년 동안 같은 학교에 있다 보니 우리 학교 학생들의 학력 수준이 점차 내려가는 것을 알 수있었습니다. 이런 결과에 대해 주변의 많은 선생님들께서는 코로나 팬데믹으로 인한 온라인 학습의 영향으로 학생들의 학력이 내려가

고 있다고 말씀하곤 하지만 이러한 비대면 수업으로 인한 학력저하
는 우리 학교만의 문제가 아닌 모든 초등학교의 문제라고 할 수가
있습니다.

기초학력 업무를 몇 년 동안 하다 보니 하나의 사실을 알 수 있었
습니다. 몇 년간의 진단평가 결과를 보면 4학년 때 기초학력 미도달
의 학생들은 5학년 때에도, 다음 6학년 때에도 기초학력 결과표 명단
에 이름이 등장하는 것을 알 수가 있었습니다. 학급에 기초학력 부진
학생 구제를 위해 대다수의 선생님들이 보충 지도를 하지만 학생들
대부분은 다음 학년으로 올라감에도 여전히 기초학력부진입니다.

이런 현상은 특히 다른 교과보다 수학과와 영어과에서 두드러지
게 나타나는 현상이었습니다. 사회과와 과학과는 기초학력 진단평
가의 많은 문항은 지식을 물어보는 문제가 많습니다. 그렇기에 자신
이 이전 학년에 부진 교과였더라도 해당 학년에서 열심히 공부하면
단기간에 기초학력 부진을 벗어날 수 있는 가능성이 높은 과목들이
라 할 수가 있습니다.

하지만 수학과는 조금은 다른 유형으로 학습이 이루어지는 교과
입니다. 수학과는 위계성이 강한 과목으로 학생이 이전 학년의 내용
을 정확히 이해하고 있지 않으면 다음 학년의 학습 내용을 이해하기
가 어려움이 있습니다. 그렇기에 수학과 기초학력 부진 학생들은 다
음 학년도에도 부진 학생으로 명단에서 높은 빈도로 확인을 하게 되
는 것입니다. 이러한 이유로 확신평가 적용을 통한 기초학력 향상의
프로젝트 과목을 수학과로 정하게 되었습니다.

2. 확신평가 경험하기

2022년 3월 17일에 기초학력 진단평가를 실시하였습니다. 학생들의 수학 교과의 학력을 알아보고, 또한 학생이 자신이 알고 있는 것에 대해 얼마나 정확히 알고 있는지를 알아보고자 하였습니다. 이에 학교에서 사용한 진단평가 답안지가 아닌 자신의 확신점수도 부여할 수 있는 답안지를 사용하였습니다.

〈학교에서 사용한 일반적인 답안지〉

2022학년도 진단평가 ( ) 답안지

통영초등학교 ( )학년 ( )반 ( )번 이름( )

문항번호	답 안	문항번호	답 안
1		14	
2		15	
3		16	
4		17	
5		18	
6		19	
7		20	
8		21	
9		22	
10		23	
11		24	
12		25	
13		맞은 개수	

〈우리 반 진단평가 답안지〉

2022학년도 진단평가 ( ) 답안지

통영초등학교 ( )학년 ( )반 ( )번 이름( )

문항번호	답안	확신점수			문항번호	답안	확신점수		
		확실	애매	모름			확실	애매	모름
1					14				
2					15				
3					16				
4					17				
5					18				
6					19				
7					20				
8					21				
9					22				
10					23				
11					24				
12					25				
13					맞은 개수				

〈학생들이 작성한 답안지〉

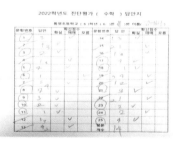

학생들이 확신점수에 대해 생소하기에 진단평가를 치기 전 학생들에게 '확신점수와 실제 점수의 차이'와 '확신점수를 부여하는 방법' 등을 간단히 설명하였습니다. 또한 이러한 확신평가의 목적은 학생들이 얼마나 정확하게 알고 있는지를 선생님이 알아보고 학생 개별의 피드백을 하고자 하는 것임을 설명하였습니다.

확신점수는 3단계로 나누었습니다. 각각의 용어도 학생들이 직관적으로 알 수 있도록 '확실', '애매', '모름'으로 정하였습니다.

확신점수	점수를 부여하는 경우
확실	문제를 풀고 다시 검산했을 때 '이것이 답이다'라고 생각하는 경우
애매	'정확하지는 않지만, 이것이 답인 것 같다' 또는 '풀이 과정을 맞는지 모르겠지만 이것이 답으로 나왔다'의 경우
모름	'계산과정은 모르겠고 이것이 답이다'라고 생각한 경우

확신평가를 통한 진단평가는 학생들이 자신이 풀이 한 문제에 대해 한 번 더 생각하고 진지하게 평가를 임하게 하였습니다.

진단평가의 결과, 우리 학급의 수학 맞은 개수의 평균(26명의 학생 중 특수교육대상자 1명을 제외한 25명)은 25문제 중 20.16개였으며, 수학 기초학력 미달 학생은 총 3명이었습니다. 또한 학생들이 부여한 확신점수는 503개의 '확실', 102개의 '애매', 20개의 '모름'이 있었습니다. 503개의 '확실' 중 정답은 431개로 비율은 약 85.7%, 102개의 '애매' 중 정답은 68개로 비율은 약 66.7%, 마지막으로 20개의 '모름' 중 정답이 5개로 25%의 비율을 보였습니다.

〈진단평가 점수와 확신점수의 관계〉

정답

모름 정답	애매 정답	확신 정답
5	**68**	**431**
모름 오답	애매 오답	확신 오답
15	**34**	**72**

확신 점수

　　확신평가를 이용한 진단평가 결과 학생들은 교사가 생각했던 것보다 자신이 '알고 있다'와 '모르고 있다'를 정확히 알고 있었습니다. 그리고 확신점수는 '애매'로 부여하고 정답인 경우가 약 66.7%였는데 이는 학생들 인터뷰 결과 학생들이 처음 하는 평가 유형이라 풀이 과정에 조금이라도 자신이 이해되지 않는 부분이 있다면 애매로 점수를 부여한 경우가 많았다고 하였습니다. 또한 학생들은 자신이 문제를 풀이를 할 때 어떤 부분을 몰라 계산을 하기 힘든지도 정확히 알고 있는 편이었습니다.

3. '기초학력 진단-보정 시스템' 이야기

교사들이 자신의 반에 기초학력 부진 학생이 있다면 이러한 학생을 지도할 때 가장 많이 활용하는 자료 중 하나는 기초학력 진단-보정시스템(https://basic.gne.go.kr)을 활용하는 방법입니다. 이 시스템을 활용하여 보충 지도를 많이 하는 이유 중 하나는 진단평가를 실시한 이후 학생이 틀린 문항에 대해 보정학습 자료(늘품이 자료)가 제공되어 지도하기에 용이하기 때문입니다.

〈기초학력향상도 평가 문항별 결과표〉

평가에 확신을 더하다

<중 문항별 결과표에 따른 제공되는 보충학습 자료(늘품이)>

하지만 보정학습을 위해 제공이 되는 자료들은 평가에서 틀린 문항에 대해 동형문제가 제공이 됩니다. 수학과의 경우 학생이 문제를 틀렸을 때에는 다양한 이유가 존재합니다. 현 문제에 대해 이해도가 낮아 문제가 틀린 학생이라면 기초학력보정시스템의 보정학습는 많

은 도움을 줄 수가 있을 것입니다. 하지만 이전 학습 내용의 이해도가 낮아 문제를 틀린 학생이라면 현 문제에 대한 동형문제를 제공하는 보정학습자료(늘품이 자료)는 학생들에게 도움이 되지 않을 것입니다.

수학과에서 기초학력 부진 학생들이 학년이 올라가더라도 구제가 되지 않는 이유 중 하나는 이전 학습에 대한 이해도가 낮아 현 학습 내용을 이해하지 못하여 학습 결손이 누적되기 때문입니다. 학생들의 수학과 기초 학력을 향상 시키기 위해 틀린 문제에 대해 자료를 제공하는 기초학력 진단-보정 시스템의 장점에 학생이 틀린 이유를 알아보고 다양한 피드백을 제공을 해주 수 있는 평가를 더 할 수 있는 프로젝트를 생각해보게 되었습니다.

4. 수·확·해 프로젝트의 준비

우리 반 학생들의 수학과 기초학력이 부진한 학생들의 기초학력 향상을 위해 '수·확·해 프로젝트'를 실시하기로 하였습니다. '수·확· 해 프로젝트'는 교사의 입장에서는 학생들의 성장을 1년 동안 농사를 짓는 농부의 마음에 빗대어 표현을 한 말로 프로젝트가 끝이 났을 때 학생의 학력 신장을 '수확'하고 싶다는 의미를 담았습니다. 또한 학생의 입장에서 '수학을 확실하게 공부해'의 줄임말의 의미로도 사용을 하였습니다.

수·확·해 프로젝트는 매 차시의 학습 후 이루어지는 형성평가에 확신평가를 접목을 하여 구성을 하였습니다. 진단평가 결과 학생들은 '알고 있다'와 '모르고 있다'를 넘어 어떤 부분을 모르고 있는지를 정확히 알고 있는 편이기에 수·확·해 프로젝트는 다음 과정을 통해 진행하였습니다.

준비하기	수·확·해 프로젝트	결과보기
확신평가 소개하기	수업 중 단원 차시 공부하기	'분수의 나눗셈' 단원평가 실시를 통한 결과 분석
기초학력 진단 평가 실시	수·확·해 프로젝트 형성평가 실시	
참가학생 선정	교사의 채점 및 학생에 대한 개별 피드백	
단원 선정 및 형성평가지 제작		

(1) 수 · 확 · 해 프로젝트 참가학생 선정

진단평가의 결과 우리 반에서 수학 교과의 부진 학생은 3명이며, 부진의 경계선에 있는 학생은 3명이었습니다. 이 6명의 학생 중 수·확·해 프로젝트 참가를 희망한 학생들은 다음과 같은 특성이 있습니다.

1번 학생(김○희)

수학교과 부진학생 이며 평소의 수업 태도가 바른 학생입니다. 공부에 많은 관심을 가지고 있지만, 이해력이 부족하며 이전 학습에 많은 부진이 있는 학생입니다. 하지만 수업 시간에 노트 정리를 잘 하며 과제도 성실히 수행하는 책임감이 강한 학생입니다.

2번 학생(이○민)

수학교과 부진학생이며 운동부 학생입니다. 교과 중 수학를 가장 싫어하며, 수학시간에 수업에 집중을 하지 않는 학생입니다. 하지만 보드 게임을 할 때 전략을 잘 세우며, 게임의 본질을 잘 파악하는 문제해결력은 매우 우수한 학생입니다. 1번 학생과 마찬가지로 이전 과정에 많은 부진을 가지고 있는 학생입니다. 자신이 좋아하는 활동에는 많은 관심이 있지만, 공부에 대한 성실도는 조금은 부족한 학생입니다.

3번 학생(김○율)

평소 수업 태도는 매우 바른 학생이며, 항상 쉬는 시간에도 책을 읽으며, 반에서 독서를 가장 많이 하는 중 학생입니다. 글을 읽고 글쓴이의 의도를 잘 파악을 하며, 읽은 책은 1분 스피치로도 친구들에게 잘 소개하는 학생입니다. 자신은 이과형 인간이 아니라 문과형 인간이라고 말을 하는 학생입니다. 계산과정에서 실수는 적으나, 단순 계산은 조금은 느린 학생입니다. 수학 교과 부진의 학생은 아니며, 경계선에 위치한 학생입니다.

4번 학생(최○우)

2번 학생과 마찬가지로 운동부 학생입니다. 부모님이 학업에도 관심이 많고 쉬는 시간에 학원 과제를 하는 모습을 자주 보이는 학생입니다. 수학과 학습에서 도구적 이해는 하고 있으나, 관계적 이해는 잘 되지 않는 학생입니다. 또한 '공부는 해야 하는 것'이라 생각을 하지만 재미는 없어 하는 학생입니다. 수학 교과의 부진은 아니지만, 3번 학생과 마찬가지로 경계선에 위치한 학생입니다.

위의 4명의 학생들을 대상으로 수·확·해 프로로젝트를 실시하였습니다.

(2) 단원의 선정 및 형성평가 제작

수·확·해 프로젝트의 단원은 '6-1-1. 분수의 나눗셈'으로 정하였습니다. 이 단원은 이전까지와는 다른 '양으로서의 분수'의 새로운 개념이 등장하는 단원입니다. 이 개념은 후속 단원인 '소수의 나눗셈', '비와 비율'을 이해하기 위해 밑바탕이 되는 개념입니다.

또한 3~5학년 때 배운 분수의 의미(등분할), 분수의 곱셈과 분모가 같은 분수의 나눗셈에 대한 기본 개념의 이해가 있어야 이 단원을 학습할 수 있기에 수·확·해 프로젝트의 목적과 부합하는 단원이었습니다.

형성평가에 제작에 있어 중요한 점은 오늘 학습한 교과서 문제에 대한 동형문제로 제작을 하고자 하였습니다. 하지만 매 차시가 끝난 이후 실시되는 일반적인 형성평가만으로는 교사는 '정답인지, 오답인지' 확인만 가능하지, 학생들이 '개념을 알고 풀었는지, 모르고 풀었는지'를 알기에는 어려운 점이 있습니다. 따라서 일반적인 형태의 형성평가로만 학생들의 학습목표에 도달 여부를 확인한다면 정확히 알지 못하지만 '대충 이것이 답인 것 같다.'라고 생각을 하여 답을 맞춘 학생들에게는 교사의 피드백이 제공되지 않아 학습 공백이 발생합니다. 이는 추후 학습의 결손으로 연결이 됩니다. 따라서 학생들이 자신이 문제를 풀었을 때 자신이 정확히 알고 풀었는지, 자신의 풀이 과정에 얼마나 확신을 할 수 있는지를 평가하는 '확신평가'는 교사가 학생들에게 개별의 피드백을 제공하거나, 학습의 결손을 막아 줄 수 있는 하나의 방안이 될 것입니다. 그리고 학생이 학습한 내용을 정확히 이해한 것을 아는 것은 추후 학습에도 많은 영향을 미치게 됩니다.

이는 리처드 스켐프(R. Skemp)가 말한 '반영적 지능'과도 관련이 있습니다. 반영적 지능이란 중재사고 활동*이 자기 반성적 인식의 대상이 되는 지능을 말합니다. 이러한 반영적 지능은 이유와 근거에 답하는데 필요한 정보를 자신의 개념체계에서 찾을 수 있습니다.

따라서 수·확·해 프로젝트의 형성평가에서는 앞면에 학습한 내용에 관한 원리를 담은 문제로 구성을 하고, 뒷면에 문제에 대한 확신점수를 입력할 수 있게 하였습니다. 그리고 학생들에게 확신점수가 낮다면, 자신이 낮게 부여한 이유에 대해 그 이유를 선택하거나 작성하도록 하였습니다. 학생들이 형성평가의 문제를 풀고, 자신의 확신점수를 부여하고, 자신의 풀이한 과정에 대해 확신한 이유에 대해 생각을 하거나, 자신의 확신점수가 낮은 경우에는 왜 확신점수를 낮게 부여하였는지에 대한 이유를 생각 과정에서 속에서 중재사고 활동을 거치게 됩니다.

교사는 학생이 푼 문제의 정답여부와 확신점수와 점수를 부여한 이유를 분석하여 학생 개별의 맞춤형 피드백을 제공이 가능할 것이며, 추후 학습의 결손을 막을 수 있을 것입니다.

---

* 이유와 근거를 답하는데 필요한 정보를 외부 환경이 아닌 자신의 개념체계에서 찾는 사고 과정

평가에 확신을 더하다

〈수·확·해 프로젝트 형성평가〉

앞면	뒷면

앞면 (first):

6학년 1학기 수학과 1. 분수의 나눗셈

날짜		횟수	1차	6학년	반	번	이름	
단원	1. 분수의 나눗셈	차시	(자연수)÷(자연수)의 몫을 분수로 나타내어 풀기(1) (2/9)		교과서	10~11쪽		

평가내용 | (자연수)÷(자연수)의 몫을 분수로 나타내기

성취기준 | ① (자연수)÷(자연수)에서 나눗셈의 몫을 분수로 나타낼 수 있다
② 분수의 나눗셈의 계산 원리를 이해하고 그 계산 원리를 이해할 수 있다

1. 2 ÷ 3을 그림으로 나타내고, 몫을 구해 보세요.

$2 \div 3 = \dfrac{\square}{\square}$

2. ☐ 안에 알맞은 수를 써넣으세요.

$1 \div 7 = \dfrac{\square}{\square}$ 이다.

$5 \div 7$은 $\dfrac{1}{7}$이 ☐개다.

따라서 $5 \div 7 = \dfrac{\square}{\square}$ 이다.

3. 3÷4의 몫을 그림으로 나타내고, 분수로 나타내세요.

$3 \div 4 = \dfrac{\square}{\square}$

6학년 1학기 수학과 1. 분수의 나눗셈(원리 이용)

날짜		횟수	2차	6학년	반	번	이름	
단원	1. 분수의 나눗셈	차시	(자연수)÷(자연수)의 몫을 분수로 나타내어 풀기(2) (3/9)		교과서	12~13쪽		

평가내용 | (자연수)÷(자연수)의 몫을 분수로 나타내기(2)

성취기준 | ① (자연수)÷(자연수)에서 나눗셈의 몫을 분수로 나타낼 수 있다
② 분수의 나눗셈의 계산 원리를 이해하고 그 계산 원리를 이해할 수 있다

1. 5÷4를 그림으로 나타내고, 몫을 구해 보세요.

$5 \div 4 = \dfrac{\square}{\square}$

2. ☐ 안에 알맞은 수를 써넣으세요.

$1 \div 4 = \dfrac{\square}{\square}$ 이다.

$5 \div 4$은 $\dfrac{1}{4}$이 ☐개다.

따라서 $5 \div 4 = \dfrac{\square}{\square}$ 이다.

3. 나눗셈의 몫을 분수로 나타내어 보세요.

(1) $13 \div 7 =$

(2) $15 \div 8 =$

뒷면 (back):

	확신점수			확신점수 배정이유
1번 문제	확실	애매	모름	1. 분수로 읽을 수가 없어요 2. 그림의 의미를 모르겠어요 3. 답이 분수가 아닌 것 같아요 4. 기타(다른 이유를 적어 주세요)
2번 문제	확실	애매	모름	1. 첫 번째 네모에 들어가는 숫자를 모르겠어요 2. 두 번째 네모에 들어가는 숫자를 모르겠어요 3. 세 번째 네모에 들어가는 숫자를 모르겠어요 4. 기타(다른 이유를 적어 주세요)
3번 문제	확실	애매	모름	1. 원을 4등분을 내기가 어려워요 2. 세 개의 원의 의미를 모르겠어요 3. 그림은 그릴 수 있는데 분수를 모르겠어요 4. 기타(다른 이유를 적어 주세요)

	확신점수			확신점수 배정이유
1번 문제	확실	애매	모름	1. 그림에서 5개의 원의 의미를 모르겠어요 2. 4조각 났을의 의미를 모르겠어요 3. 앞 차시와 원을 다르게 나누어 풀 모르겠어요 4. 기타(다른 이유를 적어 주세요)
2번 문제	확실	애매	모름	1. 첫 번째 네모에 들어가는 숫자를 모르겠어요 2. 두 번째 네모에 들어가는 숫자를 모르겠어요 3. 세 번째 네모에 들어가는 숫자를 모르겠어요 4. 기타(다른 이유를 적어 주세요)
3번 문제	확실	애매	모름	1. 계산 과정을 적기가 어려워요 2. 기타(다른 이유를 적어 주세요)

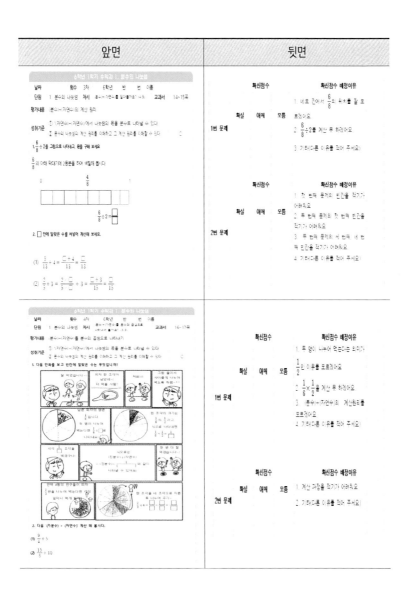

평가에 확신을 더하다

앞면	뒷면

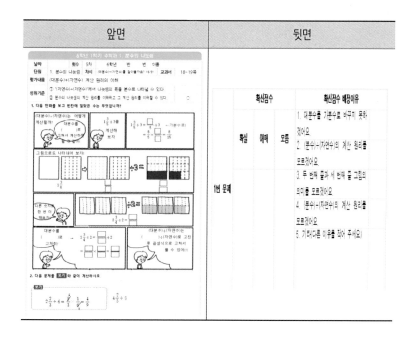

〈문항별 학생 피드백〉

문항 번호	정답 여부	확신 점수	확신 점수 배정 이유	교사 피드백 내용
1차 1번	정답	확실		심화문제 제공
		애매/모름	1	분수의 의미 자료, 동형문제 제시
		애매/모름	2	등분할 자료, 동형문제 제시
		애매/모름	3	분수의 의미. 등분할 자료 제공, 동형문제 제시
		애매/모름	4	동형문제 제시
	오답	확실		분수의 의미. 등분할 자료 제공, 동형문제 제시
		애매/모름	1	분수의 의미 자료, 기본문제 제공
		애매/모름	2	등분할 자료, 기본문제 제공
		애매/모름	3	분수의 의미. 등분할 자료 제공, 기본문제 제공
		애매/모름	4	분수의 의미. 등분할 자료 제공, 기본문제 제공
1차 2번	정답	확실		심화문제 제공
		애매/모름	1	분수의 의미 자료, 동형문제 제시
		애매/모름	2	1-1 동형문제
		애매/모름	3	1-1 동형문제, 동형문제 제시
		애매/모름	4	동형문제 제시
	오답	확실		분수의 의미 자료, 1-1 동형문제
		애매/모름	1	1-1 동형문제, 기본문제 제공
		애매/모름	2	1-1 동형문제, 기본문제 제공
		애매/모름	3	1-1 동형문제, 기본문제 제공
		애매/모름	4	분수의 의미. 1-1 동형문제. 기본문제 제공
1차 3번	정답	확실		심화문제 제공
	정답	애매/모름	1,2	등분할 자료, 동형문제
	정답	애매/모름	3	분수의 의미 자료, 동형문제 제시
	정답	애매/모름	4	동형문제 제공
	오답	확실		등분할 자료, 분수의 의미 자료
	오답	애매/모름	1,2	등분할 자료, 기본문제 제공
	오답	애매/모름	3	수의 의미 자료. 기본문제 제공
	오답	애매/모름	4	등분할 자료, 분수의 의미 자료, 기본문제 제공

평가에 확신을 더하다

문항 번호	정답 여부	확신 점수	확신 점수 배정 이유	교사 피드백 내용
2차 1번	정답	확실		심화문제 제공
		애매/모름	1,3	(자연수)÷(자연수)의 2가지 방법 자료, 동형문제 제시
		애매/모름	2	동형문제 제시
		애매/모름	4	동형문제 제시
	오답	확실		자연수)÷(자연수)의 2가지 방법 자료
		애매/모름	1,2,3	(자연수)÷(자연수)의 2가지 방법 자료, 기본문제 제공
		애매/모름	4	(자연수)÷(자연수)의 2가지 방법 자료 기본문제 제공
2차 2번	정답	확실		심화문제 제공
		애매/모름	1,2,3,4	(자연수)÷(자연수)의 2가지 방법 자료, 1-2 동형문제, 동형문제 제시
	오답	확실		(자연수)÷(자연수)의 2가지 방법 자료, 1-2 동형문제, 기본문제 제공
		애매/모름	1,2, 3,4	(자연수)÷(자연수)의 2가지 방법 자료, 1-2 동형문제, 기본문제 제시
2차 3번	정답	확실		심화문제 제공
		애매/모름	1,2	동형문제
	오답	확실		2-1, 2-2 동형문제 제공
		애매/모름	1,2	2-1, 2-2 동형문제 제공, 기본문제 제시
3차 1번	정답	확실		심화문제 제공
		애매/모름	1	분수의 의미 자료, 동형문제 제시
		애매/모름	2	동형문제 제시
		애매/모름	3	분수의 의미 자료, 동형문제 제시
	오답	확실		분수의 의미 자료, 동형문제 제시
		애매/모름	1	분수의 의미 자료, 기본문제 제공
		애매/모름	2,3	기본문제 제공

문항 번호	정답 여부	확신 점수	확신 점수 배정 이유	교사 피드백 내용
3차 2번	정답	확실		심화문제 제공
		애매/모름	1,3	(분수)÷(자연수) 연산 그림 자료 제공, 동형문제
		애매/모름	2	크기가 같은 분수 자료, 동형문제
		애매/모름	4	(분수)÷(자연수) 연산 그림 자료 제공, 크기가 같은 분수 자료, 동형문제
	오답	확실		(분수)÷(자연수) 연산 그림 자료 제공, 크기가 같은 분수 자료
		애매/모름	1,3	(분수)÷(자연수) 연산 그림 자료 제공, 기본문제 제공
		애매/모름	2	크기가 같은 분수 자료, 기본문제 제공
		애매/모름	4	(분수)÷(자연수) 연산 그림 자료 제공, 크기가 같은 분수 자료, 기본문제 제공
4차 1번	정답	확실		심화문제 제공
		애매/모름	1	나눗셈의 의미 자료 제공, 동형문제 제공
		애매/모름	2	분수의 곱셈 자료 제공, 동형문제 제공
		애매/모름	3	3-2 동형문제 자료 제공, 동형문제 제공
		애매/모름	4	나눗셈의 의미 자료 제공, 분수의 곱셈 자료 제공, 동형문제 제공
	오답	확실		나눗셈의 의미 자료 제공, 분수의 곱셈 자료 제공, 3-2 동형문제 자료 제공,기본문제 제공
		애매/모름	1	나눗셈으로서 의미 자료 제공, 기본문제 제공
		애매/모름	2	분수의 곱셈 자료 제공, 기본문제 제공
		애매/모름	3	3-2 동형문제 자료 제공, 기본문제 제공
		애매/모름	4	나눗셈으로서 의미 자료 제공, 분수의 곱셈 자료 제공, 기본문제 제공
4차 2번	정답	확실		심화문제 제공
		애매/모름	1,2	3-2 동형문제 제공, 동형문제 제공
	오답	확실		3-2 동형문제 제공
		애매/모름	1,2	3-2 동형문제 제공, 기본문제 제공

문항 번호	정답 여부	확신 점수	확신 점수 배정 이유	교사 피드백 내용
5차 1번	정답	확실		심화문제 제공
		애매/모름	1	가분수와 대분수 자료 제공, 동형문제 제공
		애매/모름	2	4-2 동형문제, 동형문제 제공
		애매/모름	3	나눗셈의 의미 자료 제시, 동형문제 제공
		애매/모름	4	가분수와 대분수 자료 제공, 4-2 동형문제, 나눗셈의 의미 자료 제시, 동형문제 제공
	오답	확실		가분수와 대분수 자료 제공, 4-2 동형문제, 나눗셈의 의미 자료 제시,
		애매/모름	1	가분수와 대분수 자료 제공, 기본문제 제공
		애매/모름	2	4-2 동형문제, 기본문제 제공
		애매/모름	3	나눗셈의 의미 자료 제시, 기본문제 제공
		애매/모름	4	가분수와 대분수 자료 제공, 4-2 동형문제, 나눗셈의 의미 자료 제시, 기본문제 제공
5차 2번	정답	확실		심화문제 제공
		애매/모름	1,2	가분수와 대분수 자료 제공, 분수의 나눗셈의 의미 자료 제공, 동형문제 제시
	오답	확실		가분수와 대분수 자료 제공, 분수의 나눗셈의 의미 자료 제공,
		애매/모름	1,2	가분수와 대분수 자료 제공, 분수의 나눗셈의 의미 자료 제공, 기본문제 제공

5. 수·확·해 프로젝트의 실시

수·확·해 프로젝트의 형성평가는 매 차시마다 이루어졌습니다. 학생들은 수업 중 형성평가를 실시하고, 프로젝트에 참가한 학생들에게는 뒷면에 확신평가의 내용이 인쇄된 형성평가를 제공하였습니다.

형성평가는 아래와 같이 2단계로 이루어졌습니다.

단계	내용
1단계	형성평가의 실시 및 확신점수 부여 및 이유 선택
2단계	· 교사의 채점이후 개별 맞춤 자료(피드백) 제공 및 개별 설명(학생의 피드백 내용에 따라 생략 가능) · 심화문제 또는 동형문제 또는 기본문제 제공

(1) 형성평가의 실시

한 차시 수학 수업이 진행될 때마다 수업의 마무리로 형성평가가 실시되었습니다. 평가 문항은 각 단원에서 반드시 알아야 할 원리를 중심으로 구성하였으며, 난이도는 교과서의 문제 수준으로 2~3문항으로 풀이를 하였습니다. 프로젝트에 참여하는 학생들은 뒷면의 확신평가도 추가로 실시가 되었습니다.

1번 학생(김○희) 형성평가 및 확신점수

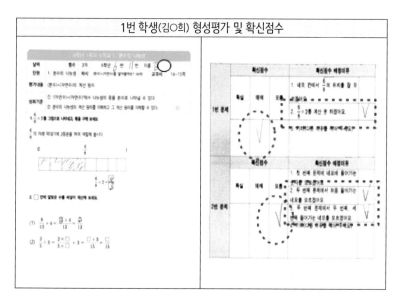

2번 학생(이○민) 형성평가 및 확신점수

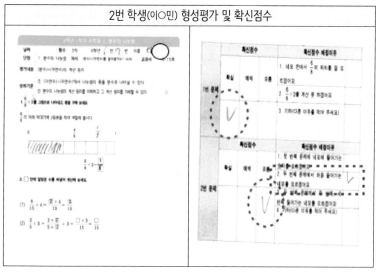

3번 학생(김○율) 형성평가 및 확신점수

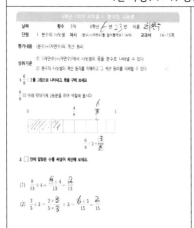

	확신점수			확신점수 배정이유
	확실	애매	모름	
1번 문제			√	1. 네모 칸에서 $\frac{6}{8}$의 위치를 잘 모르겠어요. 2. $\frac{6}{8}\div2$를 계산 못 하겠어요. 3. 기타(다른 이유를 적어 주세요)

	확신점수			확신점수 배정이유
	확실	애매	모름	
2번 문제			√	1. 첫 번째 문제에 네모에 들어가는 숫자를 모르겠어요. 2. 두 번째 문제에서 처음 들어가는 네모를 모르겠어요. 3. 두 번째 문제에서 두 번째, 세 번째 들어가는 네모를 모르겠어요. 4. 기타(다른 이유를 적어 주세요)

4번 학생(최○우) 형성평가 및 확신점수

	확신점수			확신점수 배정이유
	확실	애매	모름	
1번 문제		√		1. 네모 칸에서 $\frac{6}{8}$의 위치를 잘 모르겠어요. 2. $\frac{6}{8}\div2$를 계산 못 하겠어요. 3. 기타(다른 이유를 적어 주세요)

	확신점수			확신점수 배정이유
	확실	애매	모름	
2번 문제		√		1. 첫 번째 문제에 네모에 들어가는 숫자를 모르겠어요. 2. 두 번째 문제에서 처음 들어가는 네모를 모르겠어요. 3. 두 번째 문제에서 두 번째, 세 번째 들어가는 네모를 모르겠어요. 4. 기타(다른 이유를 적어 주세요)

평가에 확신을 더하다

(2) 개별 맞춤형 피드백 자료 제공 예시

〈1번 학생 개별 맞춤형 피드백〉

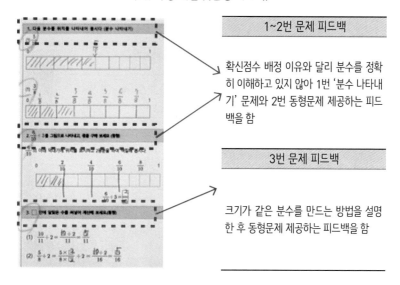

1~2번 문제 피드백

확신점수 배정 이유와 달리 분수를 정확히 이해하고 있지 않아 1번 '분수 나타내기' 문제와 2번 동형문제 제공하는 피드백을 함

3번 문제 피드백

크기가 같은 분수를 만드는 방법을 설명한 후 동형문제 제공하는 피드백을 함

1번 학생 1번 문제의 경우 '오답'과 확신점수를 '애매'를 선택하였습니다. 확신점수를 애매로 표시한 이유는 $\frac{6}{8} \div 2$를 계산 못 한다고 하였지만, 풀이한 문제를 보면 분수를 정확히 표시하지 못했기에 동형의 자료와 함께 '분수를 나타내는 방법' 자료를 피드백하였습니다. 2번 문제의 경우 (분수)÷(자연수)의 계산 원리를 활용하여 푸는 문제였습니다. 하지만 (분수) ÷ (자연수)를 풀이하는 원리는 잘 모르지만, 연산하는 방법(분자와 자연수를 나눔) 알고 있기에 2번의 ①번 문제는 맞지만, ②번 문제는 틀렸습니다. 확신점수도 역시 '모름'에 체크하였

고, 점수를 배정한 이유는 2번과 3번을 선택하였습니다. 그렇기에 학생 개별 피드백으로 '크기가 같은 분수 만들기'에 대한 설명을 하였고 동형문제를 제공하였습니다.

〈2번 학생 개별 맞춤형 피드백〉

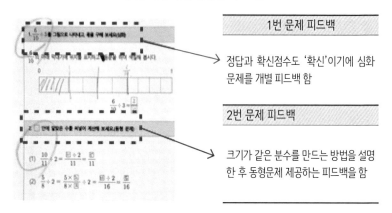

2번 학생(이○민)은 1번 문제의 경우 '정답'과 확신점수도 '확신'을 선택하였습니다. 피드백 표에 따라 심화 문제를 제공하였습니다. 그리고 2번 문제는 1번 학생과 마찬가지로 (분수)÷(자연수)를 풀이하는 원리는 잘 모르지만 연산하는 방법을 알고 있기에 2번의 ①번 문제는 맞지만, ②번 문제는 틀렸습니다. 확신점수도 역시 '모름'에 체크하였고, 점수를 배정한 이유는 2번과 3번을 선택하였기에 학생 개별 피드백으로 '크기가 같은 분수 만들기'에 내용에 대한 설명을 해 주었고 동형문제를 제공하였습니다.

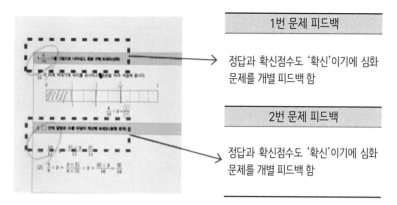

〈3~4번 학생 개별 맞춤형 피드백〉

1번 문제 피드백
정답과 확신점수도 '확신'이기에 심화 문제를 개별 피드백 함

2번 문제 피드백
정답과 확신점수도 '확신'이기에 심화 문제를 개별 피드백 함

3번 학생(김○율) 학생과 4번 학생(최○우) 학생은 두 학생 모두 1번 문제와 2번 문제가 정답이었으며, 두 문제 모두 확신점수 역시 '확신' 있었습니다. 두 학생 모두에게 개별 피드백으로 1번, 2번 문제 모두 심화문제를 제공하였습니다.

6. 단원평가의 실시 및 결과 분석

단원평가는 문항 제작은 학급에서 항상 단원평가로 실시한 문제 은행 프로그램을 통해 단원평가 문항을 제작하였습니다. 교사가 직접 문제를 출제하면 프로젝트에 참가한 학생들에게 강조한 부분이 중점으로 문항이 출제되는 것을 막기 위함이었습니다.

〈단원평가 문항〉

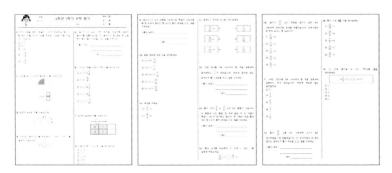

단원평가에 응시한 학생 수는 24명이었습니다. 학생들의 평균 점수는 약 77.7점이었습니다. 학생들이 평가가 끝난 후 평가에 대한 반추를 해보기 위해 기준점수를 학생들이 정하기로 하였습니다. 단원평가를 실시한 후 학생들이 생각하기에 '1. 분수의 나눗셈'을 '잘 공부하였다'라고 생각하는 학생의 점수는 80점이었습니다. 그 이유를 물어보니 2~3개의 문항은 조금 난이도가 있다고 생각했으며, 1~2개의 실수는 이해해 주어야 한다고 말하였습니다. 24명의 학생 중 14명의 학생이 80점보다 높은 점수를 획득하였습니다.

프로젝트에 참여한 학생들은 1번 학생은 65점을, 2번 학생은 55점, 3번 학생은 80점, 4번 85점을 획득하였습니다. 1번과 2번 학생은 수·확·해 프로젝트를 실시하는 동안 점수와 확신점수는 항상 2번 학생이 높았습니다. 하지만 학습에 흥미가 없는 2번 학생은 형성평가를 실시하는 동안은 내용을 이해하였지만, 시간이 지나면 내용을 빨리 잊어버리는 경향을 보였습니다.

평가에 확신을 더하다

1, 3, 4번의 학생들은 다른 단원의 단원평가보다 높은 점수를 획득하였습니다. 후속 단원인 소수의 나눗셈과 비와 비율 단원에서도 2학기 분수의 나눗셈 단원에서도 선수학습에 대해서는 어려움이 없이 학습을 하였습니다.

7. 교육을 향한 우리의 바람

교사들 대부분은 '잘 가르치고 싶다.' 또는 '학생들이 학습 목표에 도달하였으면 좋겠다'는 바람을 가지고 있습니다. 이러한 바람으로 수업의 기술(발문의 방법, 학습교구 제시 방법 등), 다양한 수업의 형태(협동수업, 거꾸로 수업 등), 수업의 매체, 평가의 방법 등 교육은 점차 발전을 하고 있습니다.

이러한 선생님들의 바람으로 발전해온 교육의 다양한 형태는 '무엇이 정확한 답이다'라고 규정을 할 수는 없습니다. 우리들이 고민을 하고 적용을 해 본 확신평가도 이러한 많은 선생님들의 바람을 적용을 해 본 하나의 방향 중에 하나라고 생각을 해봅니다.

확신평가를 통한 수·확·해 프로젝트를 하는 동안 평소의 수업보다 많은 시간과 노력이 들었지만, 이러한 노력은 조금 더 높은 학업 성취에 도움을 줄 수 있었습니다. 교사들의 이러한 노력들이 쌓인다면 언젠가는 그 바람에 도달을 할 수 있지는 않을까요?

확신평가 적용기 6학년 영어편: 영어 듣기 자신감

저는 영어 전담 교사로서 현재 원어민 강사와 함께 6학년 177명의 학생을 대상으로 영어 수업을 하고 있습니다. 제가 영어를 가르치고 있기 때문에 확신평가도 영어과에 적용해보았고, 이 과정을 통해 확신평가가 영어과에 어떻게 활용될 수 있을지 알아보았습니다.

1. 적용 목적

언어의 궁극적인 목적은 타인과의 의사소통입니다. 현재 초등 영어 교육과정 역시 다음과 같이 영어에 대한 학생들의 흥미 유발과 자신감 함양, 나아가 영어로 의사소통할 수 있는 기초 마련에 초점을 두고 구성되어 있습니다.

〈초등학교 영어과의 목표〉

초등학교 영어는 학습자들이 영어 학습에 흥미와 자신감을 가지고, 일상생활에서 사용하는 기초적인 영어를 이해하고 표현하는 능력을 길러 영어로 의사소통할 수 있는 기초를 마련하는 것을 목표로 한다.

가. 영어 학습에 대한 흥미와 자신감을 기른다.
나. 자기 주변의 일상생활 주제에 관하여 영어로 기초적인 의사소통을 할 수 있다.
다. 영어 학습을 통해 외국의 문화를 이해한다.

나열된 영어과의 목표 세 가지 중 먼저 제시된 것은 '영어 학습에 대한 흥미와 자신감을 기른다'입니다. 이는 영어 학습에 있어 학습자가 가진 흥미와 자신감이 가장 중요하다는 방증일 것입니다. 당장 현재의 영어 실력이 얼마나 좋은지보다는, 우선 영어로 듣고 말하는 것에 흥미가 있고 두려움이 없어야 영어를 더 많이 듣고 말하며 의사소통 능력을 기를 수 있기 때문입니다.

흥미와 자신감이 학습에 큰 영향을 미친다는 사실은 실제 수업 현장에서도 쉽게 느낄 수 있습니다. 원어민 강사와의 대화를 꺼리는 학생들에게 이유를 물어보면, 십중팔구 '틀릴까 봐 걱정돼요'라고 대답합니다. 영어로 읽고 쓰는 학습에 대한 성취도가 높더라도, 자신감이 부족한 학생들은 듣고 말하는 직접적인 의사소통 상황에서는 입을 굳게 닫는 것입니다. 반면 당장 읽고 쓰는 능력이 조금 부족하더라도 흥미와 자신감을 가진 학생은 원어민 강사와의 의사소통에 큰 두려움 없이 임하며 자연스레 심화 학습 기회를 얻게 됩니다.

이에 저는 정의적 영역인 '자신감'을 확신평가에 적용해보고자 했습니다. 확신평가가 학생의 학업 성취도와 확신 정도를 함께 평가한다는 점에서, 확신 정도를 자신감으로 대체한다면 학생의 영어 능력과 자신감을 함께 측정할 수 있다고 생각했기 때문입니다. 그뿐만 아니라 확신평가를 진행하는 과정에서 교사가 학생의 자신감 향상에 도움을 준다면, 학생의 영어에 대한 흥미 유발과 의사소통 능력 발전에 모두 도움이 될 것으로 판단하였습니다.

2. 적용 영역

확신평가 적용 영역으로는 음성언어 중 이해 영역인 '듣기'를 선택하였습니다. 이에 학생들의 구어 의사소통 능력을 서답형 평가를 통해 측정하고자 하였습니다.

3. 적용 방법

확신평가에서 근거 없는 확신을 지양하듯이, 정확한 지식과 기능의 습득 없이 자신감만을 기르기 위한 학습 역시 지양해야 합니다. 앞서 소개한

'알고 있으니 내용이 쉽게 느껴지고,
쉬우니 자신감이 생기고,
자신감이 생기니 수업이 재밌다.
평가가 두렵지 않다.'

라는 말처럼 학습한 내용을 잘 알고 있고, 스스로 잘 알고 있다는 사실을 인지하고 있을 때 학생의 자신감은 향상될 것입니다.

따라서 저는 영어 듣기 능력 향상을 통해 학생의 영어에 대한 자신감을 기르는 것을 목표로 프로그램을 구성하였습니다.

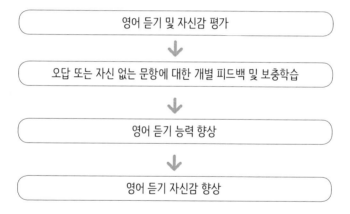

학생의 영어 듣기 능력과 각 문항에 대한 자신감을 평가하고, 오답이거나 자신 없는 문항에 대해 개별 피드백과 보충학습을 제공하였습니다.

4. 적용 과정

정규 수업은 원어민 코티칭(협력수업)으로 이루어지기 때문에, 단위 수업 시간 안에 확신평가를 적용하고 그에 따른 개별 피드백까지 제공하는 것은 어렵다고 판단하였습니다. 그래서 저는 여름방학 동안 '확신평가를 활용한 영어 듣기 자신감 향상 프로그램'을 따로 운영하였습니다.

〈확신평가를 활용한 영어 듣기 자신감 향상 프로그램〉

기간	2022. 8. 1. ~ 10.				
대상	6학년 전체 학생 중 선정 평가 시행 후 프로그램 참여를 희망하는 학생				
프로 그램 진행 과정	대상 학생 선정 →	프로그램 전 설문조사 →	확신평가 및 피드백 →	총괄 평가 →	프로그램 후 설문조사
	선정 평가지 제작 ↓ 선정 평가 ↓ 학생 선정	영어 전반에 대한 자신감 설문조사	확신 평가지 제작 ↓ 듣기 평가 + 개별 피드백	총괄평가 ↓ 선정 평가와 총괄평가 결과 비교	영어 전반에 대한 자신감 설문조사 + 프로젝트 만족도 조사

(1) 대상 학생 선정

1) 선정 평가지 제작

교과서에 수록된 영어 듣기 평가를 활용하여 6학년 1학기 동안 배운 내용을 바탕으로 한 선정 평가지를 제작하였습니다. 문항 제작을 위해 교과서에 수록된 영어 듣기 평가를 살펴보니, 대부분의 듣기 평가가 대화의 맥락을 이해하지 못해도 핵심 단어 하나만 제대로 들으면 쉽게 정답을 맞힐 수 있게 구성되어 있었습니다.

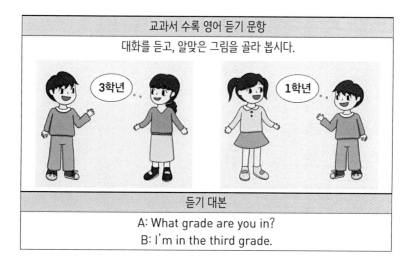

그러나 실제 의사소통 상황에서는 대화의 맥락을 파악하는 능력도 중요합니다. 그래서 저는 학생이 단어뿐만 아니라 대화의 맥락을 잘 이해하고 있는지도 평가할 수 있도록 기존의 문항을 수정하여 평가지를 제작하였습니다.

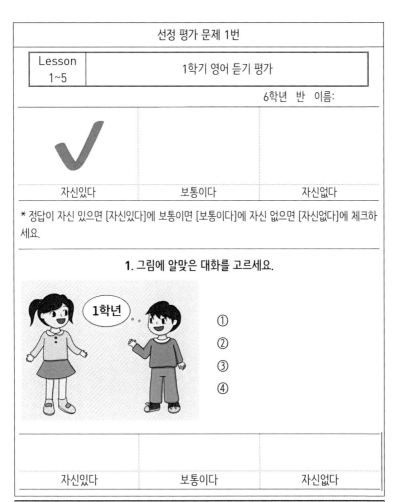

선정 평가 문제 1번

Lesson 1~5	1학기 영어 듣기 평가

6학년 반   이름:

✔		
자신있다	보통이다	자신없다

* 정답이 자신 있으면 [자신있다]에 보통이면 [보통이다]에 자신 없으면 [자신없다]에 체크하세요.

1. 그림에 알맞은 대화를 고르세요.

1학년

① ② ③ ④

자신있다	보통이다	자신없다

듣기 대본

① A: What's wrong?
  B: I have a runny nose.
② A: What club are you in?
  B: I'm in the first grade.
③ A: What grade are you in?
  B: I'm in the first grade.
④ A: What grade are you in?
  B: I'm in the third grade.

평가에 확신을 더하다

이처럼 'first grade'라는 핵심 단어만 알아서는 정답을 맞힐 수 없고, 질문과 대답 모두를 이해해야 정답을 맞힐 수 있도록 문항을 구성했습니다. 그리고 문항 아래에는 본인이 고른 답에 대한 자신감의 정도를 '자신있다', '보통이다', '자신없다'의 세 단계로 표시하게 하여 학생이 자신감을 가지고 문제를 해결하였는지 스스로 판단해보도록 했습니다.

2) 선정 평가

제작한 선정 평가지로 전체 학생들을 대상으로 선정 평가를 시행했습니다. 평가 시작 전에는 평가의 목적이 영어 듣기 능력과 자신감을 함께 확인하기 위함이라는 것을 학생들에게 미리 안내하였습니다. 자신감은 학생들에게 이미 익숙한 개념이어서 별다른 어려움 없이 평가를 진행할 수 있었습니다.

채점이 끝난 후에는 학생들이 자신의 평가 결과를 확인하도록 하였습니다. 그리고 그 결과가 나타내는 의미가 무엇인지 학생들이 알 수 있도록 다음과 같이 간단한 분석을 제공하였습니다.

정답 여부	자신감 정도	결과 분석
○	자신있다	- 영어 듣기 능력이 우수하고 듣기에 자신감이 있음.
○	보통이다, 자신없다	- 영어 듣기 능력이 우수하나 자신감이 부족하므로 자신감을 가지는 것이 필요함. - 운에 의한 정답(찍기)일 수 있으니 이에 관한 확인이 필요함.
×	자신있다	- 근거 없는 자신감을 가지고 있거나, 실수했거나, 단어나 문장의 뜻을 잘못 알고 있는 것일 수 있으니 틀린 원인을 확인해서 원인에 맞는 보충학습이 필요함.
×	보통이다, 자신없다	- 자신이 잘 모른다는 것을 스스로 알기 때문에, 무엇을 모르는지 확인해서 그에 맞는 보충학습이 필요함.

3) 학생 선정

평가 결과를 토대로 학생들을 4가지 유형으로 그룹화하였습니다.

기준	유형	해당 학생 수
정답 3개 이상, '자신있다' 3개 이상	정답 ↑ 자신감 ↑	156명
정답 3개 이상, '보통이다', '자신없다' 2개 이하	정답 ↑ 자신감 ↓	4명
정답 2개 이하, '자신있다' 3개 이상	정답 ↓ 자신감 ↑	3명
정답 2개 이하, '보통이다', '자신없다' 2개 이하	정답 ↓ 자신감 ↓	14명

4가지 유형을 학생들에게 설명한 뒤, 학생들에게 영어 듣기 능력과 자신감을 함께 기르기 위한 프로그램을 방학 중에 실시할 예정이라는 것을 안내하고 희망자를 모집하였습니다. 방학에 학교에 나와 공부할 것을 희망하는 학생은 총 4명으로 각 학생의 선정 평가 결과와 유형은 아래와 같습니다.

학생	선정 평가 결과			유형
	문항	정답 여부	자신감	
A	1	○	자신있다	- 정답↑, 자신감↑ - 정답과 자신감이 모두 높은 유형
	2	○	자신있다	
	3	○	자신있다	
	4	○	자신있다	

문항	정답 여부	자신감	
B 1	○	자신있다	- 정답↑, 자신감↓
2	○	자신있다	- 정답은 잘 맞히지만, 자신감이 다소 부
3	○	보통이다	족한 유형
4	○	보통이다	

문항	정답 여부	자신감	
C 1	○	자신있다	- 정답↓, 자신감↑
2	○	자신있다	- 오답이 많지만, 자신감이 높은 유형
3	×	자신있다	
4	×	자신있다	

문항	정답 여부	자신감	
D 1	○	자신없다	- 정답↓, 자신감↓
2	○	자신있다	- 정답과 자신감이 모두 다소 낮은 유형
3	×	자신없다	
4	×	자신없다	

의도하지 않았는데, 신기하게도 4명의 학생이 서로 다른 유형을 가지고 있었습니다.

(2) 프로그램 전 설문조사

학습을 시작하기 전, 영어 교과 전반에 대한 학생의 자신감을 알아보기 위해 〈영어 자신감 설문조사〉를 실시했습니다.

번호	문제	전혀 그렇지 않다	대체로 그렇지 않다	보통 이다	대체로 그렇다	매우 그렇다
	6학년 반 이름: ◆ 문제를 잘 읽고, 해당하는 것에 ✓표 하세요.					
1	나는 나의 영어 실력이 다른 학생보다 낮을까봐 걱정이 된다. (◆)					
2	나는 4~6학년 동안 배운 내용을 가지고 원어민과 일대일로 대화를 할 수 있다.					
3	나는 수업 시간에 듣는 영어 대화 대부분을 정확하게 이해한다.					
4	나는 내가 영어를 잘한다고 생각한다.					
5	나는 영어를 배우는 데 소질이 있다.					
6	나의 영어 실력은 우리나라 초등학교 학생의 평균 수준 또는 그 이상은 될 것이라 생각한다.					
7	나는 영어 대화를 들을 때 내가 잘못 이해했을까봐 걱정이 된다.(◆)					
8	누군가 영어로 하는 말을 듣거나 내가 영어로 말을 할 때 실수할까 봐 긴장되고 두렵다.(◆)					

* 2~6번 질문: 자신감 관련 질문
* 1, 7, 8번 질문(◆표시): 불안감 관련 질문

설문지는 '나는 수업 시간에 듣는 영어 대화 대부분을 정확하게 이해한다', '나는 내가 영어를 잘한다고 생각한다' '나는 영어를 배우는 데 소질이 있다'와 같은 자신감에 대한 질문과 '나는 나의 영어 실

력이 다른 학생보다 낮을까 봐 걱정된다', '나는 영어 대화를 들을 때 잘못 이해했을까 봐 걱정된다'와 같은 불안감에 대한 질문으로 구성했습니다.

(3) 확신평가 및 피드백

프로그램은 하루에 1차시씩, 한 단원에 해당하는 듣기 평가를 시행한 뒤 결과에 따라 개별 피드백과 보충학습을 제공하는 것으로 이루어졌습니다. 개별 피드백을 위해 프로그램은 1대1로 이루어졌으며, 피드백 및 보충학습을 통해 학생의 영어 듣기 능력을 향상하고, 이를 바탕으로 영어에 대한 자신감을 기르는 것을 목표로 프로그램을 진행했습니다.

일시	지도내용(C학생)
8. 1. (월)	1) 영어 자신감 설문조사 2) 6학년 1학기 1단원 〈What Grade Are You In?〉 영어 듣기 평가 3) 피드백 및 보충학습 　　– 학년을 나타내는 영어 표현, 발음 익히기 　　– 헷갈리는 발음(first/third, fifth/six) 구분하기
8. 2. (화)	1) 1단원 학습 내용 확인하기 2) 6학년 1학기 2단원 〈Do You Know Anything About Hanok?〉 영어 듣기 평가 3) 피드백 및 보충학습 　　– 전통문화에 대해 묻고 답하는 표현 익히기 　　– 다시 말해 달라고 요청하고 답하는 표현 익히기
8. 3. (수)	1) 1, 2단원 학습 내용 복습하기 2) 6학년 1학기 4단원 〈How Much Are These Pants?〉 영어 듣기 평가 + 듣기 전 전략 안내(듣기 전 미리 들어야 할 내용 파악하기) 3) 피드백 및 보충학습 　　– 1부터 몇만까지의 수 영어로 읽기 　　– 단수와 복수 표현 익히기
8. 4. (목)	1) 4단원 학습 내용 확인하기 2) 6학년 1학기 5단원 〈What's Wrong?〉 영어 듣기 평가 3) 피드백 및 보충학습 　　– 증상, 통증을 나타내는 단어 익히기
8. 5. (금)	1) 영어 듣기 총괄평가 2) 선정 평가 결과와 정답, 자신감 정도 비교하기 3) 영어 자신감 설문조사 4) 프로젝트 결과 설문조사

1) 확신평가지 제작 및 평가

　평가 문항은 선정 평가와 마찬가지로, 단어의 의미와 대화의 맥락을 함께 파악해야 정답을 맞힐 수 있는 문항들로 구성했습니다.

Lesson 1	What Grade Are You In?

6학년 반   이름:

그림에 알맞은 대화를 고르세요.

①
②
③
④

자신있다 → 1-1번	보통이다 → 1-2번, 1-3번	자신없다 → 1-2번, 1-3번

1-1. [자신있다] 정답을 고른 이유를 적어주세요.

1-2. [보통이다/자신없다] 문제가 헷갈린 이유를 골라주세요.
① 단어의 발음을 제대로 듣지 못해서
② 집중하지 않아서
③ 단어는 들었으나 뜻을 알지 못해서
④ 문장의 전체 의미를 알지 못해서
⑤ 기타:

1-3. 문제를 자신 있게 맞히기 위해 무엇을 공부해야 할지 적어봅시다.

문항 아래에는 각 문항에 대한 자신감을 3단계로 표시하고, '자신 있다'를 선택했을 때는 정답을 고른 이유를 작성하도록 했습니다. 그리고 '보통이다' 또는 '자신없다'를 선택했을 때는 문제가 헷갈린 이유를 선택하고, 문제를 자신 있게 맞히기 위해 무엇을 공부해야 할지 생각하여 작성하게 했습니다.

2) 개별 학생 피드백

① A학생 (정답↑ 자신감↑)

A학생은 학습능력이 우수하고 자신의 정답을 대체로 자신하고 있습니다. 따라서 A학생은 심화 학습에 초점을 맞춰 프로그램을 진행했습니다. 문항에 포함된 영어 문장을 한 문장씩 듣고 해석한 뒤, 정답과 관련 있는 문장 또는 단어를 찾게 하여 해석과 풀이의 정확성을 높이도록 하였습니다. 학습이 끝난 후에는 심화 문제를 추가로 제공하였고, 심화 문제를 자신 있게 해결하는 경험을 통해 영어 듣기에 대한 자신감을 더욱 향상할 수 있도록 하였습니다.

평가에 확신을 더하다

② B학생(정답↑ 자신감↓)

B학생은 학습능력은 우수하나 자신감이 다소 부족한 유형입니다. 학생에게 '보통이다'를 선택한 이유를 물어보았더니 대화를 제대로 듣긴 했지만, 선택한 답이 틀릴까 봐 걱정되었다고 답했습니다. 따라서 B학생은 학습능력 증진보다는 자신감을 높이는 것에 초점을 맞춰 프로그램을 진행했습니다.

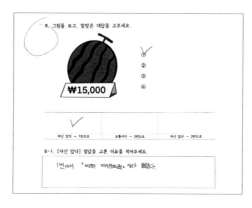

정답을 고른 이유를 쓰는 칸에 자신이 들은 단어나 문장을 그대로

적어보게 함으로써 자신이 대화를 정확하게 들었고, 들은 것을 토대로 알맞게 정답을 선택했음을 반복해서 확인하도록 하였습니다. 정답 선택 과정을 눈으로 직접 확인하며 학생 스스로 들은 내용에 확신을 가지고 자신감을 기를 수 있도록 하였습니다. 또한, 이 과정에서 교사는 "대화를 정확하게 들었으니 '잘못 듣지 않았을까?' 하는 의심을 하지 않아도 된다"며 학생의 선택을 지지해주는 말은 반복적으로 해주었습니다.

③ C학생(정답↓ 자신감↑)

C학생은 선정 평가 결과에서 자신감은 높으나 정답률은 낮은 유형이었습니다. 그러나 프로그램 전 실시한 설문조사 결과에서는 영어 전반에 대한 자신감은 조금 낮은 편이었습니다. 학생의 평소 모습 역시 자신감이 넘치는 편은 아니라고 판단했기에 왜 이런 결과가 나왔는지 좀 더 살펴보았습니다.

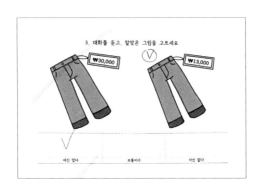

　　　　　　　　　평가에 확신을 더하다

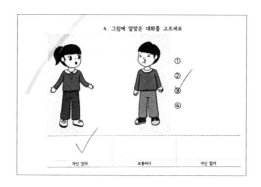

4. 그림에 알맞은 대화를 고르세요

① ② ③ ④

자신 있다　　　　보통이다　　　　자신 없다

3번 문항은 'thirteen', 'thirty'처럼 발음이 비슷한 두 단어를 같은 단어로 인식했고, 4번 문항은 그림 속 인물의 모습을 제대로 보지 않아 'I have a runny nose'가 아닌 'I have a cold'를 선택한 경우였습니다.

이렇듯 C학생이 정답과 자신감이 일치하지 않았던 원인은 오개념과 실수에 있었습니다. 따라서 저는 C학생의 정답과 자신감이 일치할 수 있도록 오개념을 수정하고 실수를 줄이는 데 초점을 두고 프로그램을 진행했습니다.

먼저 학생이 오개념을 가지고 있었던 부분이었던, 비슷한 발음을 가진 다른 숫자를 구별할 수 있도록 보충학습을 실시했습니다. '십몇'과 '몇십'을 나타내는 규칙(십몇 뒤에는 -teen이 붙고 '몇십' 뒤에는 -ty가 붙는다)을 학생에게 설명한 뒤, -ty와 -teen의 발음을 반복해서 들려주어 비슷한 발음을 가진 다른 숫자를 구별하는 연습을 하였습니다.

그런 다음에는 실수를 줄이기 위한 몇 가지 전략을 제시하고 함께 연습해보았습니다. 듣기 음성이 나오기 전에 미리 문항과 문항에 포함된 그림을 살펴보며 무엇을 들어야 할지를 생각하게 했으며, 답을 선택할 때는 그 이유를 구체적으로 적어보게 하였습니다. 정답을 맞히기 위해 들어야 할 단어나 문장을 미리 생각하고, 그것을 제대로 들었는지 스스로 확인해보는 과정을 통해 학생의 실수를 줄이고자 하였습니다. 그 결과, 이후의 단원 평가에서는 자신감 정도와 정답 여부의 일치율이 높아졌습니다.

또한, 학생 스스로 자신이 부족한 부분을 찾아 효율적인 보충학습을 할 수 있도록 문항이 헷갈린 이유를 바탕으로 자신이 무엇을 보충해서 공부해야 하는지 생각하여 적도록 하였습니다.

평가에 확신을 더하다

처음에는 자신이 어떤 부분이 부족해서 오답을 선택했는지 생각하기보다는 '듣기 공부를 해야겠다', '잘 들어야겠다'와 같은 피상적인 방안을 위주로 작성했습니다. 그래서 헷갈리는 부분과 공부해야 할 부분을 연결해 생각하는 연습을 반복해서 하도록 지도하였습니다.

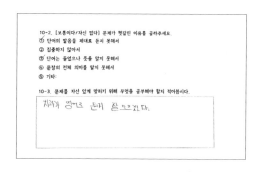

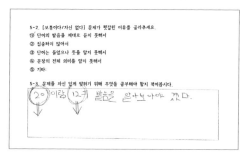

그랬더니 점차 '치과가 영어로 뭔지 알아보기', '20과 12의 발음 알아보기' 등과 같이 헷갈리는 부분을 토대로 공부할 내용을 찾아낼 수 있게 되었습니다. 이후로는 이렇게 학생이 판단한 내용을 바탕으로 보충학습을 실시하였습니다.

④ D학생(정답↓ 자신감↓)

D학생은 정답과 자신감이 모두 낮은 유형으로, 단원의 핵심 단어 및 문장에 대한 이해가 부족한 편이었습니다. 따라서 D학생은 단원의 핵심 단어와 문장을 먼저 공부하고 익힌 후 해당 단원의 듣기 평가를 하는 것으로 프로그램 과정을 변경하여 진행하였습니다.

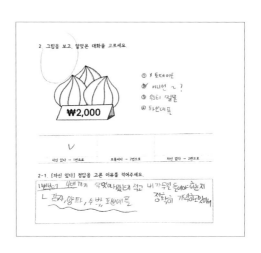

문제를 풀 때는 B학생과 마찬가지로 대화를 들으며 보기 옆에 자신이 들은 단어를 쓰게 하여 자신의 정답 선택 과정을 가시적으로 확인하도록 하였습니다.

공부한 내용을 바로 평가하는 과정에서, 자신이 배운 내용을 잘 알고 있다는 것을 반복하여 확인하는 경험을 통해 영어 학습에 대한 자신감을 길러주고자 하였습니다.

평가에 확신을 더하다

(4) 총괄평가

1) 총괄평가

5차시의 프로그램이 모두 끝난 후, 총괄평가 및 사후 설문조사를 실시해 학생의 변화를 살펴보았습니다. 선정 평가 후 약 한 달의 시간이 지났기 때문에 학생들이 선정 평가의 문항을 기억하지 못할 것이고, 같은 문항으로 평가하고 비교하는 것이 변화 정도를 파악하기 쉬울 것으로 판단하여 총괄평가는 선정 평가와 동일한 문항 및 구성으로 진행하였습니다.

2) 선정 평가와 총괄평가 비교

평가 결과, 이미 완성형이었던 A학생을 제외한 세 학생 모두 정답률과 자신감이 향상되었습니다.

학생	선정 평가 결과			총괄평가 결과		
	문항	정답 여부	자신감	문항	정답 여부	자신감
A	1	○	자신있다	1	○	자신있다
	2	○	자신있다	2	○	자신있다
	3	○	자신있다	3	○	자신있다
	4	○	자신있다	4	○	자신있다
	문항	정답 여부	자신감	문항	정답 여부	자신감
B	1	○	자신있다	1	○	자신있다
	2	○	자신있다	2	○	보통이다
	3	○	보통이다	3	○	자신있다
	4	○	보통이다	4	○	자신있다

	문항	정답 여부	자신감		문항	정답 여부	자신감
	1	○	자신있다		1	○	자신있다
C	2	○	자신있다		2	○	자신있다
	3	×	자신있다		3	×	자신있다
	4	×	자신있다		4	○	자신있다

	문항	정답 여부	자신감		문항	정답 여부	자신감
	1	○	자신없다		1	○	자신있다
D	2	○	자신있다		2	○	자신있다
	3	×	자신없다		3	○	자신있다
	4	×	자신없다		4	○	자신있다

결과를 학생별로 비교해 살펴보면 아래와 같습니다.

① B학생

B학생은 프로그램 전 '보통이다'를 선택한 문항들을 자신 있게 풀었습니다. 그러나 프로그램 전에 자신 있게 풀었던 2번은 '보통이다'를 선택했습니다. 2번 문제는 B학생이 쉽게 맞출 수 있는 난이도의 문제라고 생각해서 왜 '보통이다'를 선택했는지 학생에게 물어보았더니, 핵심 단어가 나오는 부분에서 순간 집중력이 흐트러져 잘 들리지 않았다고 대답했습니다. 모두 '자신있다'를 선택했길 바랐는데 그게 아니어서 조금 아쉬웠지만, 잘 들어놓고 괜히 불안해서가 아니라 진짜 정답이 헷갈려서 '보통이다'를 선택했다는 점에서 충분히 의미가 있다고 생각했습니다.

평가에 확신을 더하다

② C학생

C학생은 1문제를 더 맞히긴 했지만 아쉽게도 오개념으로 인해 틀렸던 3번을 또 틀렸고, 여전히 '자신있다'를 선택했습니다. 오개념이 완벽하게 수정되기까지 닷새라는 시간으로는 충분하지 않았고, 더 오랜 시간 동안 꾸준한 반복 연습이 필요하다는 생각이 들었습니다.

③ D학생

D학생은 모든 문항을 맞혔고 모두 '자신있다'를 선택해 가장 큰 변화를 보여주었습니다. 학생에게 프로그램 전·후의 두 시험지를 보여주었더니 학생도 놀랍다며 기뻐했습니다. D학생이 이번 기회를 통해 영어에 대한 자신감은 물론이고, '하면 된다'는 자신감을 얻게 된 것 같아 저도 보람을 느꼈습니다.

(5) 프로그램 후 설문조사

영어 전반에 대한 학생의 자신감이 어떻게 변화하였는지를 알아보기 위해 사전 설문지와 같은 문항으로 사후 설문조사를 실시했습니다. 또한, 이 프로젝트에 대해 학생들은 어떻게 생각하고 있는지 알기 위해 만족도 조사도 함께 실시했습니다.

1) 사전 설문조사와 사후 설문조사 비교

긍정적인 변화는 동그라미로, 부정적인 변화는 세모로 표시하였습니다.

A학생은 원래도 불안감은 낮고 자신감은 높은 편이었는데, 신기하게도 한 단계씩 더 긍정적인 쪽으로 변화했습니다.

⟨A학생 사전·사후 설문조사지⟩

사전 설문조사지

⟨영어 자신감 설문 조사⟩

6학년 1 반 **(A학생)**

✦ 문제를 잘 읽고, 해당하는 것에 ✓표 하세요.

		전혀 그렇지 않다	대체로 그렇지 않다	보통이다	약간 그렇다	대체로 그렇다	매우 그렇다
1	나는 나의 영어 실력이 다른 학생보다 낮을까봐 걱정이 된다. (✦)		○				
2	나는 4~6학년 동안 배운 내용을 가지고 원어민과 일대일로 대화할 수 있다.		○				
3	나는 수업 시간에 듣는 영어 대화 대부분을 정확하게 이해한다.				○		
4	나는 내가 영어를 잘한다고 생각한다.						○
5	나는 영어를 배우는 데 소질이 있다.				○		
6	나의 영어 실력은 우리나라 초등학교 학생의 평균 수준 또는 그 이상은 될 것이라 생각한다.					○	
7	나는 영어 대화를 들을 때 내가 잘못 이해했을까봐 걱정이 된다. (✦)		○				
8	누군가 영어로 하는 말을 듣거나 내가 영어로 말을 할 때 실수할까 봐 긴장되고 두렵다 (✦)					○	

평가에 확신을 더하다

특히 6번 문항(나의 영어 실력은 우리나라 초등학교 학생의 평균 수준 또는 그 이상은 될 것이라 생각한다)은 '대체로 그렇다'에서 '매우 그렇다'로 변화하였는데, 심화 문제를 자신 있게 해결하는 경험을 통해 자신의 영어 실력에 대한 자신감을 향상한 결과라는 생각이 들었습니다.

사후 설문조사지

〈영어 자신감 설문 조사_프로젝트 후〉

6학년 ㄱ반 (A학생)

◆ 문제를 잘 읽고, 해당하는 것에 ✓표 하세요.

		전혀 그렇지 않다	대체로 그렇지 않다	보통이다	약간 그렇다	대체로 그렇다	매우 그렇다
1	나는 나의 영어 실력이 다른 학생보다 낮을까봐 걱정이 된다. (◆)	○					
2	나는 4~6학년 동안 배운 내용을 가지고 원어민과 일대일로 대화할 수 있다.			○			
3	나는 수업 시간에 듣는 영어 대화 대부분을 정확하게 이해한다.					○	
4	나는 내가 영어를 잘한다고 생각한다.						○
5	나는 영어를 배우는 데 소질이 있다.					○	
6	나의 영어 실력은 우리나라 초등학교 학생의 평균 수준 또는 그 이상은 될 것이라 생각한다.						○
7	나는 영어 대화를 들을 때 내가 잘못 이해했을까봐 걱정이 된다. (◆)		○				
8	누군가 영어로 하는 말을 듣거나 내가 영어로 말을 할 때 실수할까 봐 긴장되고 두렵다. (◆)			○			

B학생의 경우, 불안감 관련 질문인 1, 7, 8번, 자신감 관련 질문인 5, 6번 문항의 응답이 긍정적으로 변화했습니다.

〈B학생 사전·사후 설문조사지〉

사전 설문조사지

〈영어 자신감 설문 조사〉

6학년 5 반 **(B학생)**

✦ 문제를 잘 읽고, 해당하는 것에 ✓표 하세요.

		전혀 그렇지 않다	대체로 그렇지 않다	보통이다	약간 그렇다	대체로 그렇다	매우 그렇다
1	나는 나의 영어 실력이 다른 학생보다 낮을까봐 걱정이 된다. (✦)				✓		
2	나는 4~6학년 동안 배운 내용을 가지고 원어민과 일대일로 대화할 수 있다.			✓			
3	나는 수업 시간에 듣는 영어 대화 대부분을 정확하게 이해한다.				✓		
4	나는 내가 영어를 잘한다고 생각한다.				✓		
5	나는 영어를 배우는 데 소질이 있다.			✓			
6	나의 영어 실력은 우리나라 초등학교 학생의 평균 수준 또는 그 이상은 될 것이라 생각한다.			✓			
7	나는 영어 대화를 들을 때 내가 잘못 이해했을까봐 걱정이 된다. (✦)					✓	
8	누군가 영어로 하는 말을 듣거나 내가 영어로 말을 할 때 실수할까 봐 긴장되고 두렵다 (✦)				✓		

사후 설문조사지

〈영어 자신감 설문 조사_프로젝트 후〉

6학년 5반 **(B학생)**

✦ 문제를 잘 읽고, 해당하는 것에 ✓표 하세요.

		전혀 그렇지 않다	대체로 그렇지 않다	보통이 다	약간 그렇다	대체로 그렇다	매우 그렇다
1	나는 나의 영어 실력이 다른 학생보다 낮을까봐 걱정이 된다. (✦)		✓				
2	나는 4~6학년 동안 배운 내용을 가지고 원어민과 일대일로 대화할 수 있다.			✓			
3	나는 수업 시간에 듣는 영어 대화 대부분을 정확하게 이해한다.			✓			
4	나는 내가 영어를 잘한다고 생각한다.			✓			
5	나는 영어를 배우는 데 소질이 있다.				✓		
6	나의 영어 실력은 우리나라 초등학교 학생의 평균 수준 또는 그 이상은 될 것이라 생각한다.				✓		
7	나는 영어 대화를 들을 때 내가 잘못 이해했을까봐 걱정이 된다. (✦)			✓			
8	누군가 영어로 하는 말을 듣거나 내가 영어로 말을 할 때 실수할까 봐 긴장되고 두렵다. (✦)			✓			

C학생도 살펴보면, 5~8번의 자신감, 불안감과 관련된 응답이 한 단계씩 더 긍정적으로 변화했습니다.

〈C학생 사전·사후 설문조사지〉

사전 설문조사지

〈영어 자신감 설문 조사〉

6학년 5 반　(C학생)

✦ 문제를 잘 읽고, 해당하는 것에 ✓표 하세요.

		전혀 그렇지 않다	대체로 그렇지 않다	보통이다	약간 그렇다	대체로 그렇다	매우 그렇다
1	나는 나의 영어 실력이 다른 학생보다 낮을까봐 걱정이 된다. (✦)				✓		
2	나는 4~6학년 동안 배운 내용을 가지고 원어민과 일대일로 대화할 수 있다.		✓				
3	나는 수업 시간에 듣는 영어 대화 대부분을 정확하게 이해한다.				✓		
4	나는 내가 영어를 잘한다고 생각한다.		✓				
5	나는 영어를 배우는 데 소질이 있다.		✓				
6	나의 영어 실력은 우리나라 초등학교 학생의 평균 수준 또는 그 이상은 될 것이라 생각한다.		✓				
7	나는 영어 대화를 들을 때 내가 잘못 이해했을까봐 걱정이 된다. (✦)				✓		
8	누군가 영어로 하는 말을 듣거나 내가 영어로 말을 할 때 실수할까 봐 긴장되고 두렵다 (✦)				✓		

사후 설문조사지

〈영어 자신감 설문 조사_프로젝트 후〉

6학년 5 반 (C학생)

✦ 문제를 잘 읽고, 해당하는 것에 ✓표 하세요.

		전혀 그렇지 않다	대체로 그렇지 않다	보통이다	약간 그렇다	대체로 그렇다	매우 그렇다
1	나는 나의 영어 실력이 다른 학생보다 낮을까봐 걱정이 된다. (◆)				○		
2	나는 4~6학년 동안 배운 내용을 가지고 원어민과 일대일로 대화할 수 있다.				○		
3	나는 수업 시간에 듣는 영어 대화 대부분을 정확하게 이해한다.			○			
4	나는 내가 영어를 잘한다고 생각한다.	○					
5	나는 영어를 배우는 데 소질이 있다.			○			
6	나의 영어 실력은 우리나라 초등학교 학생의 평균 수준 또는 그 이상은 될 것이라 생각한다.			○			
7	나는 영어 대화를 들을 때 내가 잘못 이해했을까봐 걱정이 된다. (◆)			○			
8	누군가 영어로 하는 말을 듣거나 내가 영어로 말을 할 때 실수할까 봐 긴장되고 두렵다. (◆)			○			

B학생과 C학생은 대부분 문항의 응답이 긍정적으로 변하였으나 3번 문항(수업세간에 듣는 영어 대화 대부분을 정확하게 이해한다)에 대해서는 한 단계씩 부정적으로 변화하였습니다. 학생들에게 사후 설문조사에서 왜 '보통이다'를 선택했는지 물어보니, 몇몇 문항에서 수업 시간에 배우지 않은 문장들이 나왔는데 그 문장들이 이해되지 않았

다고 답하였습니다. 이 부분은 학생들의 영어 성취 수준이 향상되면
서 충분히 개선될 수 있을 것으로 판단하였습니다.

그리고 D학생 역시 대부분의 응답이 긍정적으로 변화한 것을 확
인할 수 있었습니다.

〈D학생 사전·사후 설문조사지〉

	전혀 그렇지 않다	대체로 그렇지 않다	보통이다	약간 그렇다	대체로 그렇다	매우 그렇다
1	나는 나의 영어 실력이 다른 학생보다 낮을까봐 걱정이 된다. (◆)				○		
2	나는 4~6학년 동안 배운 내용을 가지고 원어민과 일대로 대화할 수 있다.	∨					
3	나는 수업 시간에 듣는 영어 대화 대부분을 정확하게 이해한다.		∨				
4	나는 내가 영어를 잘한다고 생각한다.		∨				
5	나는 영어를 배우는 데 소질이 있다.		∨				
6	나의 영어 실력은 우리나라 초등학교 학생의 평균 수준 또는 그 이상은 될 것이라 생각한다.		∨				
7	나는 영어 대화를 들을 때 내가 잘못 이해했을까봐 걱정이 된다. (◆)						∨
8	누군가 영어로 하는 말을 듣거나 내가 영어로 말을 할 때 실수할까 봐 긴장되고 두렵다 (◆)				○		

사후 설문조사지

〈영어 자신감 설문 조사 _ 프로젝트 후〉

6학년 6반 (D학생)

✦ 문제를 잘 읽고, 해당하는 것에 ✓표 하세요.

		전혀 그렇지 않다	대체로 그렇지 않다	보통이다	약간 그렇다	대체로 그렇다	매우 그렇다
1	나는 나의 영어 실력이 다른 학생보다 낮을까봐 걱정이 된다. (✦)		○				
2	나는 4~6학년 동안 배운 내용을 가지고 원어민과 일대일로 대화할 수 있다.				○		
3	나는 수업 시간에 듣는 영어 대화 대부분을 정확하게 이해한다.			○			
4	나는 내가 영어를 잘한다고 생각한다.			○			
5	나는 영어를 배우는 데 소질이 있다.			○			
6	나의 영어 실력은 우리나라 초등학교 학생의 평균 수준 또는 그 이상은 될 것이라 생각한다.		○				
7	나는 영어 대화를 들을 때 내가 잘못 이해했을까봐 걱정이 된다. (✦)			○			
8	누군가 영어로 하는 말을 듣거나 내가 영어로 말을 할 때 실수할까 봐 긴장되고 두렵다. (✦)					○	

사전 설문조사의 응답 내용을 기억하지 못하는 상태에서 진행하였는데도 모든 학생에게서 긍정적인 변화가 나타난 것이 놀라웠고, 이 프로그램이 학생들의 자신감 향상에 도움이 됐음을 확인하게 되어 기뻤습니다.

2) 프로젝트 만족도 조사

마지막으로 프로젝트에 대한 만족도 설문조사 결과도 살펴보면, 프로젝트에 대한 학생들의 만족도가 꽤 높다는 것을 확인할 수 있었습니다. 학생의 주관적인 판단이긴 하지만 4명의 학생 모두 정답을 정확하게 아는지 모르는지 판단할 수 있게 되었고, 틀린 문제를 맞히기 위해 무엇을 공부해야 하는지 판단할 수 있게 되었으며, 영어 듣기에 자신감도 향상되었다고 응답했습니다. 그리고 '나는 앞으로 문제를 풀 때 정답을 확신하는지 아닌지도 스스로 판단해 볼 생각이 있다'란 질문에도 4명 모두 긍정적으로 응답했습니다.

평가에 확신을 더하다

〈프로젝트 결과 설문 조사〉

SURVEY
RESULT

<プロジェクト 결과 설문 조사>

6학년 1반 **(A학생)**

✦ 질문을 잘 읽고, 해당하는 것에 ✓하거나 질문에 대한 자신의 생각을 적어주세요.

		전혀 그렇지 않다	대체로 그렇지 않다	보통이다	약간 그렇다	대체로 그렇다	매우 그렇다
1	나는 영어 프로젝트 수업을 하며, 정답을 정확하게 아는지 모르는지 판단할 수 있게 되었다.					◯	
2	나는 영어 프로젝트 수업을 하며, 틀린 문제를 맞히기 위해 무엇을 공부해야 하는지 판단할 수 있게 되었다.						◯
2-1	앞으로 문제를 풀 때, 틀린 문제에 대해 어떻게 보충 공부를 할지 자신의 전략을 적어주세요.	4단원값이 30,000, 13,000원 처럼 헷갈리는 단어가 있으면 어떤 단어를 읽어야 할지 먼저 생각 하거나 유튜브에 들어가서 더 알아본다.					
3	나는 영어 프로젝트 수업을 통해 영어 듣기에 자신감이 향상되었다.					◯	
4	나는 영어 프로젝트 수업을 통해 영어 실력을 향상하였다.					◯	
5	나는 앞으로 문제를 풀 때 정답을 확신하는지 아닌지도 스스로 판단해 볼 생각이 있다.				◯		
6	영어 프로젝트 수업을 하며 배운 것이나 느낀 점을 적어주세요.	2-1에 나온 헷갈리는 단어듣기. 영어 프로젝트를 하면서 시간이 잘 갔고 재미있었다 아는 문제도 있었지만 모르는 문제는 쌤이 알려 주셔서 좋았다.					
7	영어 프로젝트 수업을 하며 아쉬웠던 점을 적어주세요.	조금밖에 못하는 점? ㅎㅎ					

평가에 확신을 더하다

〈프로젝트 결과 설문 조사〉

6학년 5 반 **(B학생)**

✦ 질문을 잘 읽고, 해당하는 것에 ✓하거나 질문에 대한 자신의 생각을 적어주세요.

		전혀 그렇지 않다	대체로 그렇지 않다	보통이다	약간 그렇다	대체로 그렇다	매우 그렇다
1	나는 영어 프로젝트 수업을 하며, 정답을 정확하게 아는지 모르는지 판단할 수 있게 되었다.					✓	
2	나는 영어 프로젝트 수업을 하며, 틀린 문제를 맞히기 위해 무엇을 공부해야 하는지 판단할 수 있게 되었다.					✓	
2-1	앞으로 문제를 풀 때, 틀린 문제에 대해 어떻게 보충 공부를 할지 자신의 전략을 적어주세요.	문제를 듣고 들은것을 몇번 써보기 , 듣는거랑 정답을 비교하기 하고 틀렸으면 왜 틀렸는지 듣고 생각하기					
3	나는 영어 프로젝트 수업을 통해 영어 듣기에 자신감이 향상되었다.					✓	
4	나는 영어 프로젝트 수업을 통해 영어 실력을 향상하였다.					✓	
5	나는 앞으로 문제를 풀 때 정답을 확신하는지 아닌지도 스스로 판단해 볼 생각이 있다.					✓	
6	영어 프로젝트 수업을 하며 배운 것이나 느낀 점을 적어주세요.	영어를 처음까지 자연이 없었는데 지인들이 수련설것 같다					
7	영어 프로젝트 수업을 하며 아쉬웠던 점을 적어주세요.	X					

<프로젝트 결과 설문 조사>

6학년 5반 **(C학생)**

✦ 질문을 잘 읽고, 해당하는 것에 ✓하거나 질문에 대한 자신의 생각을 적어주세요.

		전혀 그렇지 않다	대체로 그렇지 않다	보통이다	약간 그렇다	대체로 그렇다	매우 그렇다
1	나는 영어 프로젝트 수업을 하며, 정답을 정확하게 아는지 모르는지 판단할 수 있게 되었다.				○		
2	나는 영어 프로젝트 수업을 하며, 틀린 문제를 맞히기 위해 무엇을 공부해야 하는지 판단할 수 있게 되었다.						○
2-1	앞으로 문제를 풀 때, 틀린 문제에 대해 어떻게 보충 공부를 할지 자신의 전략을 적어주세요.	영어 프로젝트를 풀때 틀린 문제가 있으면 그 틀린 문제를 왜 틀렸는지 무엇을 공부해야 할지 부족한 점을 더 채워야겠다.					
3	나는 영어 프로젝트 수업을 통해 영어 듣기에 자신감이 향상되었다.					○	
4	나는 영어 프로젝트 수업을 통해 영어 실력을 향상하였다.					○	
5	나는 앞으로 문제를 풀 때 정답을 확신하는지 아닌지도 스스로 판단해 볼 생각이 있다.					○	
6	영어 프로젝트 수업을 하며 배운 것이나 느낀 점을 적어주세요.	내가 몰랐던 영어단어, 발음 등 다시 새롭게 알게되어서 좋았다					
7	영어 프로젝트 수업을 하며 아쉬웠던 점을 적어주세요.	영어 프로젝트 수업이 5일 밖에 안되서 아쉬웠다.					

평가에 확신을 더하다

<프로젝트 결과 설문 조사>

6학년 5 반 (D학생)

✦ 질문을 잘 읽고, 해당하는 것에 ✓하거나 질문에 대한 자신의 생각을 적어주세요.

		전혀 그렇지 않다	대체로 그렇지 않다	보통이다	약간 그렇다	대체로 그렇다	매우 그렇다
1	나는 영어 프로젝트 수업을 하며, 정답을 정확하게 아는지 모르는지 판단할 수 있게 되었다.					◯	
2	나는 영어 프로젝트 수업을 하며, 틀린 문제를 맞히기 위해 무엇을 공부해야 하는지 판단할 수 있게 되었다.						◯
2-1	앞으로 문제를 풀 때, 틀린 문제에 대해 어떻게 보충 공부를 할지 자신의 전략을 적어주세요.	그문장, 문제, 단어를 더 집중하게 왜 틀리고 내가 무엇을 틀렸지 여기 생각한다					
3	나는 영어 프로젝트 수업을 통해 영어 듣기에 자신감이 향상되었다.					◯	
4	나는 영어 프로젝트 수업을 통해 영어 실력을 향상하였다.					◯	
5	나는 앞으로 문제를 풀 때 정답을 확신하는지 아닌지도 스스로 판단해 볼 생각이 있다.						◯
6	영어 프로젝트 수업을 하며 배운 것이나 느낀 점을 적어주세요.	배운건! 영어 실력이 늘었고 집중력이 느낀길 내가 봤으면 이렇게 잘했을 없었다 느꼈다					
7	영어 프로젝트 수업을 하며 아쉬웠던 점을 적어주세요.	영어 영어 2-나번만에 아쉽다.					

5. 적용 후기

이렇게 확신평가를 영어 수업에 적용해보며 느낀 점은,

첫 번째, 확신평가가 서답형 문항에서 자신감과 같은 정의적 영역을 파악하는 데 도움을 줄 수 있다는 것입니다. 저는 확신평가의 확신 정도를 정답에 대한 자신감으로 바꾸어 적용해보았고, 이를 통해 학생이 문항에서 묻고 있는 내용에 대해 얼마나 자신감이 있는지를 파악할 수 있었습니다. 정의적 영역은 상담이나 관찰을 통해서 파악하는 것이 가장 이상적이겠지만, 한 학급이 20명 이상의 학생으로 구성된 현시점에서 교사 1명이 매 수업 시간마다 학생들을 일일이 상담하고 관찰하는 것은 현실적으로 어려운 일입니다. 이러한 상황 속에서 이번 프로그램처럼 서답형 평가에 확신평가를 적용한다면 학습 내용에 대한 학생의 정의적 영역을 효율적으로 판단하고 이에 대한 피드백을 제공할 수 있을 것으로 기대됩니다.

두 번째, 같은 정답률을 보인 학생이라도 학생의 확신 정도에 따라 교사의 피드백이 달라져야 한다는 것입니다. A학생과 B학생은 선정 평가의 4문제를 모두 맞혔습니다. 그러나 두 학생의 정답에 대한 확신 정도는 차이가 있었습니다. 확신평가 결과를 통해 학생의 특성을 파악했기 때문에 교사는 각각의 학생에게 필요한 피드백을 제공할 수 있었습니다.

세 번째, 확신평가를 적용하면 자기주도적 학습능력을 기르는 데 도움을 줄 수 있다는 것입니다. 학생들이 자신의 답에 자신감이 부족했던 원인은 대부분 비슷한 두 단어의 발음이 헷갈리거나 단어의 의미를 몰랐기 때문이었습니다. 그러나 오답에 대해 무엇을 공부해야 할지 물어보면 원인과 관련짓지 못하고 '잘 듣는다'와 같은 피상적인 대답만 했습니다. 정답에 대해 확신하지 못했을 때 확신하지 못한 이유를 생각해보고, 무엇을 보충해서 학습해야 할지 스스로 판단하는 능력은 자기주도학습을 진행하는 데 필요한 아주 중요한 요소입니다. 저는 확신평가를 통해 이러한 과정을 반복해서 연습하는 것이 자기주도학습의 토대를 마련하는 데 도움이 된다고 생각합니다.

확신평가는 학생이 정답을 제대로 알고 맞혔는지를 파악하는 데 도움을 줍니다. 그러나 저는 확신평가를 자신감과 연결 지어 적용해보며, 확신평가는 인지적 영역과 동시에 '자신감'과 같은 정의적 영역까지도 함께 평가할 수 있다는 것을 알게 되었습니다. 그리고 더 나아가 자기주도적 학습에서도 활용할 수 있을 것이라는 기대를 하게 되었습니다.

이번에는 소수의 학생을 대상으로 짧은 기간 동안 확신평가를 적용한 까닭에 다수의 학생에 대한 적용 결과를 얻지 못했고, 학생의 장기적인 변화 모습을 알기가 어려웠다는 아쉬움이 있었습니다. 다음 기회에는 더 많은 학생을 대상으로 연계성 있는 확신평가를 실시하여 학생들의 장기적인 변화 모습을 살펴보고, 자기주도학습 측면에서의 활용 가능성도 연구해보고 싶습니다.

04 [삶] 삶을 위한 평가의 방향은?

- 모든 기반은 기초학력에서부터
- 기초학력 미달, 이대로 두어도 괜찮을까?
- 코로나19와 함께 찾아온 아이들의 정서적인 변화
- 평가의 다양성
- 교사와 의사의 공통점과 차이점
- 온라인 확신평가 사이트 소개
- 확신평가의 종착역은?

모든 기반은 기초학력에서부터

◆

미래사회는 디지털 전쟁이라는 말이 있듯이, AI와 SW 인재 양성에 국가의 미래가 달려있습니다. 그렇다면 미래사회를 이끌어갈 인재 양성을 위해 어떤 교육을 해야 하는 걸까요? 당연히 요즘 가장 강조가 되고 있는 AI 및 SW 관련 교육 시간이 더욱 확보되어야 할 것입니다. 그리고 알고리즘의 기본이 되는 수학 교육도 더욱 중요시해야 할 것입니다. 그런데 디지털 인재 양성과 더불어 정권이 바뀌어도 빠지지 않는 국정 과제가 있습니다. 바로 기초학력 신장입니다. 이는 미래역량을 기르는 데 있어서 디지털 교육의 강화와 더불어 기초학력이 전제되어야 함을 의미합니다. 특히, 기초학력은 국가 경쟁력과 직결됩니다. 그래서 기초학력 진단평가는 통계처리를 위해 객관식 평가를 유지하고 있으며, 국가에서는 전년도와 비교하여 해당 학년의 학생 수준이 평균적으로 어떻게 변하고 있는지 분석하고 있습니다.

그렇다면 미래사회를 선도하는 기업에서 보는 관점은 어떨까요?

평가에 확신을 더하다

기업에서는 미래사회를 이끄는 핵심역량 중에서 창의성을 가장 중요하게 생각합니다. 그런데 기업에서 요구하는 창의성이란 어떤 것을 말할까요? 흔히 우리는 창의성을 새로운 것, 특별한 것으로 생각하는데 기업에서는 창의성이란 '전문성을 갖춘 사람이 새로운 것을 융합할 수 있는 역량'이라고 말합니다.

즉, 창의적 인재는 전문성을 기본적으로 갖춘 인재를 의미합니다. 전문성을 갖추려면 어떻게 해야 할까요? 해당 분야의 지식, 기능, 태도에 능통해야 합니다. 단순히 기능과 태도뿐만 아니라 지식도 중요한 부분을 차지하는 것입니다.

국가와 기업의 관점에서 기초학력과 해당 분야의 지식은 미래사회에서 당연히 필요한 근간입니다. 그러나 아직까지도 학교 현장에서는 매년 각 반에서 기초학력 미달인 학생들을 쉽게 찾아볼 수 있으며, 코로나19로 인한 비대면 학습의 전환이 이루어지면서 기초학력 미달의 문제는 더욱 심각해졌습니다. 그렇다면 기초학력이 부족한 학생들에게 필요한 교육은 무엇일까요? 그다음 내용으로 넘어가기 이전에 모르고 있는 부분이 무엇인지 학생과 교사가 함께 인지하고, 그 부분을 보충하는 충분한 피드백을 주는 것이 선행되어야 할 것입니다. 부족한 부분을 찾아 개별화된 피드백을 주는 평가인 확신 평가 또한 이러한 기초학력이 부족한 학생들에게 하나의 유용한 도구가 될 수 있을 것이라 생각합니다.

기초학력 미달, 이대로 두어도 괜찮을까?

코로나19가 우리 교육 현장에 가져온 변화는 다양합니다. 사상 초유의 비대면 수업이라는 새로운 교육 방식이 나타나면서 온라인 콘텐츠 활용 수업, 실시간 쌍방향 원격수업 등 이전의 대면 수업에서 활용하지 않았던 IT 기기를 활용한 수업 형태가 단기간에 빠른 속도로 학교현장에 적용되었습니다. 학생들은 교실이 아닌, 노트북이나 스마트폰 화면 속에서 선생님과 친구들을 만나고, 수업을 듣고, 온라인으로 과제를 제출하는 등 새로운 형태의 수업을 몇 년간 경험하게 되었습니다. 이러한 변화는 그동안의 다소 보수적이며 획일화되었던 수업 방식에서 벗어나 새로운 교육 플랫폼을 빠르게 도입할 수 있었던 계기가 된 긍정적인 영향도 있지만, 학생들의 학습 결손 및 교육 격차 심화라는 결과를 만들기도 했습니다.

〈2020년 국가수준 학업성취도평가 교과별 분석 결과〉

< 교과별 성취수준 비율(%) >

연도 \ 구분	3수준(보통학력) 이상						1수준(기초학력 미달)					
	중3			고2			중3			고2		
	국어	수학	영어	국어	수학	영어	국어	수학	영어	국어	수학	영어
'19	82.9 (0.54)	61.3 (0.94)	72.6 (0.82)	77.5 (0.90)	65.5 (1.24)	78.8 (0.98)	4.1 (0.26)	11.8 (0.44)	3.3 (0.24)	4.0 (0.40)	9.0 (0.59)	3.6 (0.35)
'20	75.4 (0.76)	57.7 (1.01)	63.9 (1.1)	69.8 (1.14)	60.8 (1.27)	76.7 (1.07)	6.4 (0.4)	13.4 (0.59)	7.1 (0.43)	6.8 (0.52)	13.5 (0.75)	8.6 (0.64)

코로나19 이후 교육부에서 실시한 국가수준 학업성취도평가 결과를 살펴보면 1수준(기초학력 미달)인 학생들이 크게 늘어난 것을 볼 수 있습니다. 교과별 성취수준에서 보통학력 이상 비율이 여러 영역에서 감소하였고 기초학력 미달의 경우, 대부분의 과목에서 전년보다 증가하였습니다. 2021년 평가 결과에도 교과별 성취수준이 전년과 유사한 비율로 나타났으므로 우리 교육에서 기초학력 미달의 문제가 계속되고 있음을 알 수 있습니다.

코로나19 이후 학습결손 심화는 국가수준 학업성취도 평가 결과뿐 아니라 다양한 조사에서도 발견할 수 있었습니다. 경기도교육연수원의『코로나19 이후 학습 결손 인식 및 해소방안』설문 조사에 따르면 교사들은 60% 이상의 학습 결손을 인지하고 있다고 응답하였습니다. 정상적으로 등교하여 수업에 참여함으로써 학생들은 해당 학년에 필요한 지식 습득이라는 학업 성취를 이루어야 하는데 이를 이탈하는 학생들이 급속하게 많아진 것입니다.

필자인 저 또한 올해(2022년 기준) 경남 통영시의 초등학교에서 1학년 담임으로 아이들을 지도하고 있습니다. 20명 내외의 어린이들이 모인 교실 속에서도 교육 격차 심화는 쉽게 발견할 수 있었습니다. 몇 년간 계속된 코로나19 상황으로 유아교육을 제대로 받지 못한 아이들, 마스크를 쓰고 대화하는 것이 일상이 되어버린 아이들에게는 기초 한글을 습득하는 과정이 험난했습니다. 상대방의 입 모양을 보며 발음에 익숙해지고 따라 말하며 유창성이 늘 수 있는 환경이 차단되다 보니 한글 체득에도 다소 긴 시간이 소요되는 영향을 받게 됩니다. 물론 다른 학년의 아이들도 예외는 아니었습니다. 코로나19로 인해 작년도 교육과정 내용을 대부분 원격수업으로만 참여하게 되어 그 내용을 정확히 이해하지 못한 학생들이 많아 다음 학년도 학습에 어려움을 겪고 있습니다.

원격수업 자체가 질이 떨어지는 수업이라기보다는 환경적으로 학생이 스스로 집중할 수 있는 분위기를 만드는 것이 어렵고, 궁금한 점이 생겨도 즉각적인 피드백을 받는 것 또한 어려우므로 학습 부진을 겪는 학생에게는 더욱 힘든 학습 방식이었을 것입니다. 이렇듯 코로나19로 인해 기초학력 미달이 더욱 심화된 교육 현장에서 아이들에게 진짜 필요한 도움은 무엇인지 고민해보아야 합니다.

평가에 확신을 더하다

코로나19와 함께 찾아온
아이들의 정서적인 변화

코로나19가 가져온 변화는 학습 격차에 그치지 않고 정서적 결손으로도 이어졌습니다. 얼굴을 보고 대화하는 시간들이 사라지자 청소년들의 불안, 우울 등 정신적인 고립감이 심화되었고 영상 시청, 게임 등의 사용 시간도 급속하게 늘어 불규칙적인 생활 습관을 만드는 결과를 만들기도 했습니다.

실제 코로나19로 인해 원격수업으로 지도했던 아이들과 대화를 했을 때, 다음과 같은 이야기를 종종 들을 수 있었습니다.

"이전보다 훨씬 스마트폰 사용 시간이 늘어났어요."

"집에 있는 시간이 길어지다 보니 공부 시간뿐만 아니라 운동하는 시간도 줄어들었어요."

"교실에서 친구들과 만나지를 못하니 휴대폰만 하며 집에 혼자 있는 시간이 길어진 것 같아요."

"솔직히 학교에서 수업 들을 때보다 집중이 안 되는 것 같아요. 게임하는 시간이 많아졌어요."

원격수업을 하며 학부모 상담을 했을 때 학부모들의 반응도 대부분 학습 결손 및 정서적 고립에 대한 걱정과 우려가 가장 컸습니다. 그래도 학교에 가면 정해진 시간에 앉아서 공부하고, 친구들과 얼굴을 보며 대화하고 운동도 하는 시간이 있었는데 그러한 기본적인 패턴마저 잃어버렸다고 토로하곤 하셨습니다.

이처럼 우리는 3년이 넘는 긴 시간 동안 코로나19를 겪어오며 다양한 변화를 겪어왔습니다. 이제는 교육 현장에서 이러한 문제점을 정확히 인지하고 아이들의 기초학력 회복과 자신감 신장 등 정서적 회복의 단계로 나아갈 수 있도록 다양한 노력이 필요한 시점입니다.

평가에 확신을 더하다

평가의 다양성

평가는 다양해야 합니다. 예를 들어 음악과 성취기준 '악곡의 특징을 이해하며 노래 부르거나 악기로 연주한다'에 맞는 평가는 실제로 노래를 부르거나 악기를 연주하는 모습을 관찰하는 수행평가가 될 것입니다. 수학과 성취기준 '두 자리 수의 범위에서 세 수의 덧셈과 뺄셈을 할 수 있다'에 맞는 평가는 성취기준에 맞는 문제를 제시하고 이를 정확히 풀 수 있는지 확인하는 선다형 평가가 유용할 것입니다. 또한 학생의 학습 정도를 미리 파악하기 위해서는 진단평가를, 학생이 수업 중 배운 내용을 잘 이해했는지 즉시 알아보기 위해서는 형성평가가 필요할 것입니다. 그리고 학생이 배운 내용을 잘 이해했는지 전체적으로 알아보기 위해서는 총괄평가를 실시하기도 합니다. 학교 현장에서는 총괄평가를 단원평가라는 이름으로 단원이 끝날 때마다 실시하는 교사들도 있습니다.

특히 초등학교에서도 진단평가, 형성평가, 총괄평가 등 다양한 평가를 실시하고 있지만, 점차 지양되고 있는 형태의 평가가 있습니다. 바로 객관식 평가입니다. 객관식 평가는 3월 초에 진단평가와 담임 재량으로 접하는 형성평가에서 접할 수 있으나, 수행평가에서는 초등학생들이 접하기 어렵습니다. 그 이유에는 먼저, 몇 가지 보기 중에서 한두 가지 답을 고르는 문제의 형태가 확산적 사고를 지향하는 미래역량을 기르는 데 적합하지 않다는 사회적 분위기와 메시지가 작용하고 있기 때문입니다. 뿐만 아니라 객관식 평가가 학생들이 문제를 푸는 과정을 확인하기 어렵고, 일명 찍기라고 불리는 운에 의한 정답을 가려내는 것에 취약하기 때문입니다. 따라서 문제 풀이 과정을 파악해야 하는 수행평가의 경우에는 더욱 취약한 평가이기도 합니다. 단답식 평가도 묻고자 하는 것을 명확하고, 쉽게 평가할 수 있지만 마찬가지로 학생의 주도적인 풀이과정을 확인하기 어렵기에 외면 받고 있습니다.

그렇다면 객관식 평가와 단답식 평가는 나쁜 평가일까요? 정말로 미래역량 신장과는 거리가 먼 평가 방법일까요?

각각의 상황과 목적에 맞는 다양한 평가를 활용함으로써 아이들의 성취도를 확인할 수 있다면 그 평가 방법이야말로 가장 적합한 평가 방법이 아닐까 생각합니다.

평가에 확신을 더하다

교사와 의사의 공통점과 차이점

교사와 의사는 되는 과정이 엄연히 다르고, 하는 일도 명확히 구분된다는 점은 구체적인 예를 들지 않아도 누구나 알고 있습니다. 다만 여기서 언급하고자 하는 것은 교사와 의사가 된 이후의 직업적인 공통점과 차이점입니다.

〈의사와 교사의 공통점〉

위와 같이 교사와 의사는 자신을 찾아오는 불특정 다수의 사람에게 필요한 피드백을 하는 사람이라는 공통점을 갖고 있습니다. 그렇다면 이제 차이점을 살펴보겠습니다.

〈의사와 교사의 차이점〉

교사
VS
의사

→

의무감
VS
자발성

의심
VS
신뢰

관찰
VS
과학

먼저 학생은 의무교육대상자이기 때문에 학교를 다니는 반면 환자는 아파서 스스로 필요에 의해 찾아온다는 점에서 구분됩니다.

다음으로 교사와 의사의 피드백에 대한 믿음에 차이가 있습니다. 교사의 피드백을 학생이나 학부모가 온전히 신뢰하지 못하는 경우를 우리는 종종 볼 수 있습니다. 반면에 의사의 피드백에 대해서는 전적으로 신뢰하는 모습을 확인할 수 있습니다. 왜 이런 현상이 나타날까요? 교사로서 고민 끝에 나온 답은 세 번째 차이점과 관련이 있습니다.

교사의 피드백은 주로 학생을 관찰하는 교사의 주관적인 견해에서 나옵니다. 반대로 의사의 피드백은 MRI, CT, 피검사 등 과학적인 분석에 기반합니다. 물론 교사의 주관적인 견해가 지속적인 관찰에 의한 사실에 기반하지만 받아들이는 학생과 학부모가 공감하지 않는다면 그 피드백은 신뢰받지 못합니다.

이제는 교육 현장도 달려져야 한다고 생각합니다. 에듀테크 산업이 급격히 발전하고 있는 것도 하나의 긍정적인 신호입니다. 이에 학생 한 명 한 명을 객관적인 지표로 체계적으로 진단하고 관리할 수 있는 콘텐츠를 개발하고, 프로그램화하여 학습자 유형에 맞게 피드백할 수 있어야 합니다. 그래야만 학생과 학부모의 신뢰를 얻을 수 있으며, 교사 스스로도 전문성을 높일 수 있는 길이 될 것입니다.

온라인 확신평가 사이트 소개

"selfcheck.or.kr"

　확신평가를 통해 학습자 유형을 구분하고, 그에 알맞은 피드백을 할 수 있도록 확신평가 기반 기초학력 진단검사 사이트를 구축하였습니다. 해당 사이트는 확신평가 연구의 지속성을 검토하고, 실제 현장 반응을 알아보기 위해 만든 샘플 형태의 사이트입니다. 위의 주소를 입력하면 해당 사이트에 접속할 수 있으며, 현재는 2학년 읽기, 쓰기, 셈하기 각 A타입 문제를 풀어볼 수 있습니다. 인증절차나 별도의 비용없이 가볍게 체험해볼 수 있도록 개방되어 있습니다.

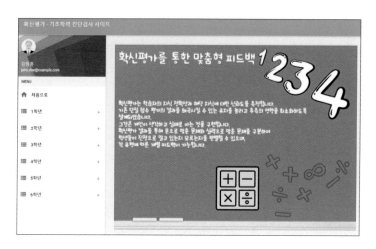

2학년 대상의 읽기, 쓰기, 셈하기 진단 문항, 즉 1학년 수준의 읽기, 쓰기, 셈하기 기본 학습 내용이 담긴 문항입니-다. 굳이 1학년 수준의 내용을 개발한 이유는 먼저, 현재 기초학력 진단검사 문항은 3~6학년 대상의 문항과 해설 자료가 공식적으로 제작되어 보급되기 때문입니다. 2학년을 위한 기초학력 진단검사 문항의 경우 학교에서 자체적으로 제작해야 하기 때문에 그러한 수고를 조금이나마 덜고자 했습니다.

다음으로, 2학년을 기초학력 지원의 골든타임이라고 생각했습니다. 3학년부터는 과목 수가 많아지고, 배움의 양이 늘어나 기초학력 지원을 위한 교육의 범위와 시간이 많이 필요합니다. 이 때문에 2학년 학기 초에 기초학력 조기 진단을 통해 기초학력 지원 대상자를 선정하고, 조기에 기초학력 향상을 이루는 것이 중요합니다. 이에 1학년 교육과정과 교과서, 교사용 지도서를 분석하여 1학년 내용의 읽기, 쓰기, 셈하기 영역의 성취기준을 추출하여 그에 맞는 문항을 각 영역별 20개씩 개발하였습니다. 이후 각 문항별 심화 문항, 동형 문항, 확인 문항을 각각 20개씩 개발하여 문항에 대해 학습자 유형을 8가지 유형으로 나누어 결과를 확인할 수 있도록 사이트를 구축했습니다. 아직은 실험적인 단계라 부분적인 오류가 있을 수도 있지만 확신평가를 온라인 시스템과 연계하여 학습자 유형을 분석하고, 그에 맞는 피드백을 제공해주는 시작점이 될 것이라 믿습니다.

사이트를 좀 더 살펴보겠습니다. 2학년 읽기 A, 쓰기 A, 셈하기 A를 누르면 문제를 푸는 화면으로 이동합니다.

〈2학년 읽기 A타입 1번 문항〉

〈2학년 쓰기 A타입 1번 문항〉

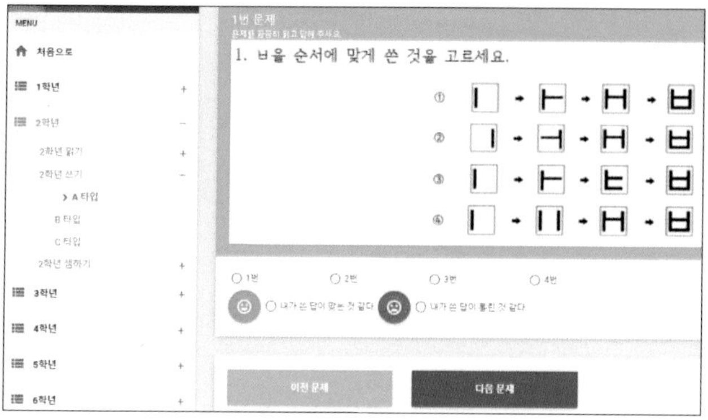

〈2학년 셈하기 A타입 1번 문항〉

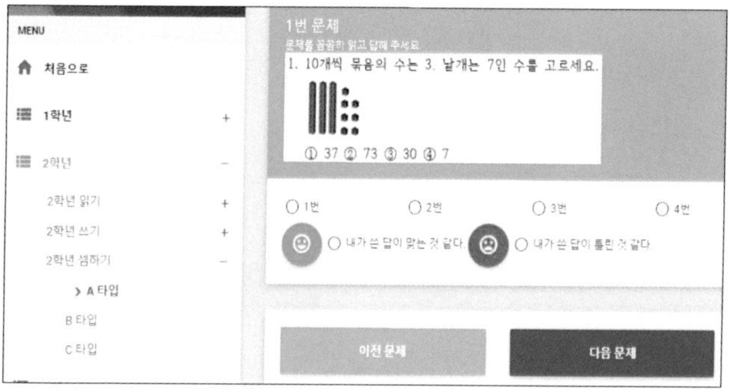

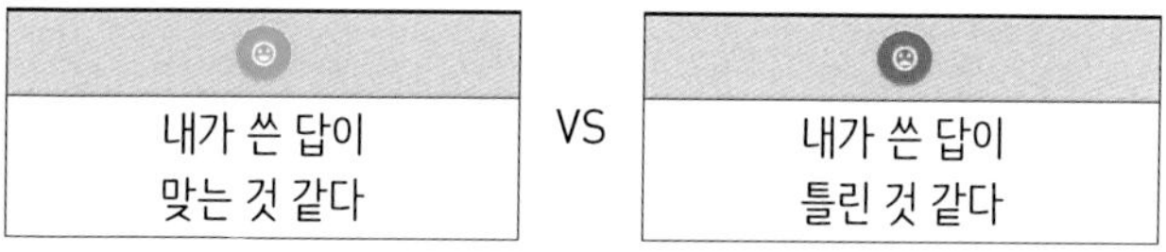

문항마다 확신 여부를 판단하기 위해 위의 두 가지 유형에 체크를 할 수 있는 칸을 따로 배정하였습니다. 이를 통해 기존의 정답 여부와 함께 확신 여부도 반영하여 결과 분석을 할 수 있습니다. 현재 사이트는 확신 여부를 이분법적으로 나누어 분석을 하지만 확신 여부를 세분화한다면 좀 더 정밀한 결과 분석이 가능해질 것으로 예상합니다. 또한 문제은행 방식을 채택한다면 문항도 다양하게 풀 수 있을 것입니다. 다만 세부적인 디자인 등의 부분은 개선할 필요가 있습니다.

〈2학년 셈하기 A타입 문항을 모두 풀었을 때〉

20문항을 모두 풀면, 확신 여부와 정답 여부에 따라 20문항이 4가지 유형으로 나눠집니다. 학생 입장에서는 그동안 '맞다, 틀리다'로만 구분되었던 것이 4가지 유형으로 구분되기 때문에 좀 더 세밀한 진단을 받았다고 생각할 수 있습니다. 특히 확신을 했지만 틀린 문

항이 발생한다면 좀 더 호기심과 관심을 갖고 자신이 왜 틀렸는지를
확인하고, 정말로 잘못 알고 있었는지, 아니면 실수로 틀렸는지를
스스로 검토할 수 있습니다.

이렇게 확신 기반의 평가는 학생들에게 예상을 하게 하고, 그 결
과를 제공하는 시스템이기 때문에 문제풀이 과정 그 자체에 흥미를
갖고 참여할 수 있다는 장점이 있습니다. 그렇다면 20문항을 모두
다 풀고, 각각의 개별 문항을 클릭하면 어떤 화면이 나타나는지 알
아보겠습니다.

〈확신을 하고, 정답을 맞춘 문항을 클릭한 경우〉

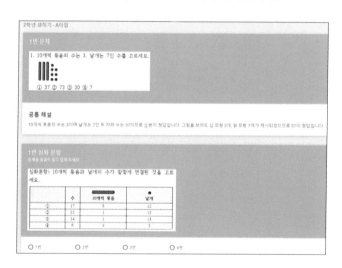

확신을 하며, 정답을 맞춘 문항 번호를 클릭하면 위와 같은 화면
으로 이동합니다. 화면을 살펴보면 문항에 대한 해설이 나옵니다.

또한 해설 아래에는 심화 문항이 제시되어 있습니다. 하나의 문항만으로 해당 내용을 완전히 이해하거나 이해하지 못한다는 판단은 선부른 결과이기 때문에 심화 문항을 제시하여 8가지 학습자 유형 중에 어떤 유형인지 확실히 알아볼 수 있도록 하는 과정입니다. 위 문항과 마찬가지로 4가지 유형에 해당하는 문항을 각각 누르면 추가 문항을 통해 최종적인 학습자 유형을 확인해볼 수 있습니다.

〈추가 문항(심화 문항)을 맞춘 경우〉

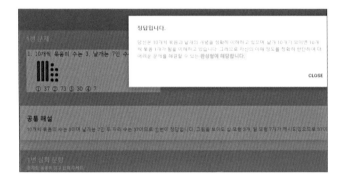

위 화면은 심화 문항을 맞춘 화면입니다. 문항에 대한 해설이 나오고, 8가지 유형 중에 어느 유형인지 설명해 줍니다.

평가에 확신을 더하다

〈추가 문항(심화 문항)을 틀린 경우〉

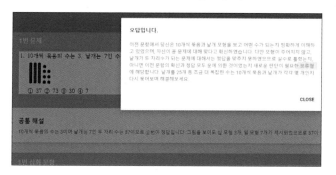

위 화면은 심화 문항을 틀린 화면입니다. 문항에 대한 해설이 나
오고, 8가지 유형 중에 어느 유형인지 설명해 줍니다. 이렇듯 추가
문항에 대한 정답 여부를 통해 최종적인 유형을 안내합니다.

〈추가 문항을 모두 푼 화면〉

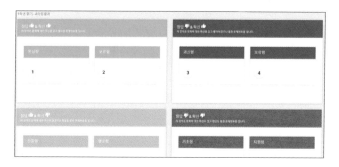

추가 문항을 모두 풀었다면 위와 같은 화면이 나타납니다. 각 문
항별로 학생이 어떤 유형인지 알기 때문에 그에 맞는 피드백을 해줄

수 있으며, 스스로도 자기 유형을 알고, 자기 피드백이 가능합니다.

<전체 피드백 화면(예시)>

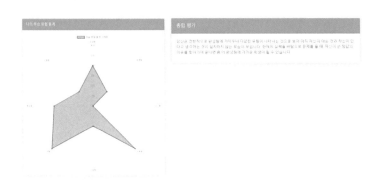

위 화면은 계속 수정 중인 화면으로 최종적인 피드백을 위해 유형을 시각화하여, 해당 영역에서 학생이 어떤 학습자 유형이 많은지를 알 수 있도록 도와줍니다.

온라인 확신평가 사이트는 아직 개선할 부분이 많습니다. 각 문항별로 해상도가 다른 문제, 문항 자체의 오류, 해설의 전문가 감수 등 많은 부분에 있어 아직은 실험적인 단계입니다. 하지만 그 방향성은 앞으로 교육이 추구해야 할 미래교육과 맞닿아 있습니다. 특히 코로나19와 같은 비대면 교육 상황에서 학생이 정확히 알고, 문제를 풀었는지 알 수 있기 때문에 효과적입니다. 모바일로도 평가가 가능하기 때문에 스마트기기를 활용하여 쉽게 접근할 수 있습니다. 교육부에서는 기초학력 종합계획을 발표하며, 컴퓨터 기반의 기초학력 진

평가에 확신을 더하다

단검사를 점진적으로 확대한다고 발표했습니다. 하지만 교육부가 발표한 컴퓨터 기반의 기초학력 진단검사는 기존의 기초학력 진단 보정 시스템과 비교하여 큰 차별성이 없습니다. 하지만 확신평가는 다릅니다. 확신 여부를 반영함에 따라 유형별 피드백이 가능한 환경을 만들었습니다. 또한 확신 여부를 현재의 두 가지가 아닌 세 가지 또는 점수화 등의 다변화를 준다면 AI 기술과 접목된 학습자 맞춤형 피드백을 위한 새로운 형태의 기초학력 진단검사 사이트로서 그 역할을 할 수 있을 것입니다.

확신평가의 종착역은?

짬짜면이 나오면 짜장면과 짬뽕 중에 무엇을 먹을지 고민하지 않을 줄 알았습니다. 그런데 짬짜면이 나온 이후 둘 다 먹을 수 있는 짬짜면을 먹는 것이 아니라 오히려 무엇을 먹을지에 대한 선택지가 하나 더 늘어난 결과가 되었습니다. 사실 짜장면과 짬뽕 중에 무엇을 먹을지 고민하는 것은 내가 둘 다 먹고 싶다는 뜻도 되지만 실상은 그 선택의 과정 자체가 어려웠던 것입니다. 이렇게 여러 가지 선택지를 놓고 고민하며, 뭔가 하나를 딱 결정하지 못하는 현상을 '선택불가증후군' 또는 '결정장애', '햄릿증후군'이라고 합니다. 즉, 선택의 갈림길에서 확실한 결단을 내리지 못한 채 괴로워하는 사람들의 심리를 말합니다.

"선택의 순간에 우물쭈물하는 이유는 무엇일까요?"

우리 인간은 선택의 순간에 이전 경험을 떠올리기 때문입니다.

즉, 짜장면과 짬뽕은 둘 다 맛있었다는 이전 경험이 있기 때문에 고민인 것이고, 짬짜면을 선택했을 때는 짜장면이나 짬뽕 하나를 선택했을 때의 그 맛이 나지 않아서 고민하는 것입니다. 그래서 우리가 아는 것이 많으면 오히려 선택하기 어렵다는 표현을 합니다.

　그렇다면 우리가 이렇게 여러 가지를 고민하여 선택한 그 결과는 어떨까요? 내셔널지오그래픽 조사에 따르면 인간은 하루에 150번 선택하고, 그중 145번 후회한다고 합니다.

"왜 우리는 결정한 선택에 대해 후회할까요?"
"이전 경험이 잘못된 것일까요?"

　우리 인간은 선택하기 전, 이전 경험을 떠올리지만 정작, 선택의 순간에는 이성적인 태도보다 비이성적인 태도를 보이기 때문입니다. 즉, 논리적인 이유를 찾지 않고, 심리에 따라 판단하는 경향이 있습니다. 현대인들의 관심사인 투자에도 그런 사례가 등장합니다. 특정 기업의 가치가 점점 높아지고, 해당 기업에 대한 투자를 내 주변에서 지속적으로 할 때, 나는 그 기업에 대해 잘 모르지만 어느새 관련 앱을 다운받고 모르는 기업에 대해 투자하는 모습을 종종 발견할 수 있습니다. 그것도 아주 신속하게 말이죠. 이후에 일어나는 안타까운 사례는 따로 이야기하지 않겠습니다.

"그렇다면 후회없는 선택을 위해 무엇이 필요할까요?"

최훈 작가님의『선택과 결정은 타이밍이다』라는 책을 보면 최고의 선택과 결정을 위해서 필요한 것은 무엇인지 등장합니다.

긍정, 심플, 확신, 완벽, 경험

책에는 확신을 갖고 선택해보는 지속적인 경험이 현명한 결정을 가져온다고 이야기합니다. 그런데 이 이야기 어디서 들어본 적 없나요? 바로 확신평가입니다. 우리는 확신평가를 통해 끊임없이 확신을 갖고 선택해보는 경험을 할 수 있습니다. 즉, 확신평가는 학생들의 학력 향상만을 위한 평가도구를 넘어 궁극적으로 인생을 살아가며 마주하는 선택의 순간에 필요한 결정역량을 길러주는 것입니다.

평가에 확신을 더하다

Epilogue

Epilogue_1

"함께는 실천입니다"

머릿속에 떠오른 생각을 현실 속에 펼치기 위해서는 무엇이 필요할까요? 저는 '함께'라는 키워드를 말씀드리고 싶습니다. 확신평가에 대해 알게 된 것은 2017년쯤이었지만 혼자서 새로운 연구를 하는 것이 엄두가 나지 않았습니다. 그러던 중 2020년에 경남초등교육평가연구회 총무가 되어 뜻이 맞는 선생님들을 만나 학교 현장에 필요한 평가에 관해 연구할 기회가 생겼습니다. 이때다 싶어 확신평가를 제안했지만, 처음에는 다들 생소한 용어로 인해 반신반의했습니다. 확신평가에 관해 공부하는 과정에서도 확신을 갖기까지 꽤 많은 시간이 걸렸습니다.

약 1년 6개월 정도가 지나 실제 교육 현장에 적용하는 선생님들이 많아지고, 관련 사례에 대한 나눔이 많아지면서 확신평가에 대한 확신이 커졌습니다. 그러면서 확신평가를 좀 더 많은 사람에게 알리고, 더 많은 학급에 활용될 수 있으면 좋겠다는 어찌 보면 좀 무모한 생각을 했습니다. 그런데도 함께할 수 있는 동료가 있어 이렇게 오

평가에 확신을 더하다

늘의 결과물이 나오게 된 것 같습니다.

　학생에 대한 사랑과 열정으로 끝까지 참여해주신 박다인 선생님, 번뜩이는 재치와 진지한 모습으로 긍정적 에너지를 주신 이경우 선생님, 수확해 장기 프로젝트의 결말을 맺은 이승원 선생님, 표지까지 직접 그려 이름값을 해주신 표지헌 선생님, 항상 배우는 자세로 경청했지만 늘 섬세한 부분까지 챙겨주신 하수경 선생님 감사드립니다. 끝으로 지난 3년간 확신평가 연구가 방향을 잃지 않고 나아갈 수 있도록 격려와 응원을 아끼지 않은 경남초등교육평가연구회 회장 구인회 교장선생님 이하 모든 연구회 분께 감사의 인사를 전합니다.

　　　　　　　　　　　　　　　　고성 거류초등학교 교사 강동훈

Epilogue_2

"함께는 성장입니다"

　'시험', '평가'를 좋아하는 사람이 있을까요? 아마 대다수의 사람들은 싫어할 테고, 저 역시도 좋아하지 않습니다. 그 이유는 평가 후에 우리가 받게 되는 점수나 등수 때문일 것입니다. 지금 현행하는 평가는 등급이나 석차가 표시된 성적표로 결말을 맺습니다. 그리고 그것이 당연하다고 생각합니다.

　하지만 연구회 활동을 하면서 학교에서 계획해준 대로 하던 평가에서 벗어나 '평가의 목적'이 과연 무엇일까에 대해 교사로서 진지하게 고민해보게 되었습니다. 교사마다 가지고 있는 생각은 다 다르고 정답은 없지만 개인적으로 평가는 학생들의 배움과 성장을 지원하는 것이라고 생각합니다. 그리고 그러한 평가가 시행되기 위해서는 현행의 평가방식을 따르기보다 새로운 평가를 시도해보는 것이 필요합니다. 새로운 것을 도전해보고, 그것이 좋은 결과이든 그렇지 않든 간에, 그것을 바탕으로 더 나아갈 수 있다고 생각합니다. 새로운 시도로서 연구회 선생님들과 함께 연구한 '확신평가'가 평가의 새로운 방향에 작은 보탬이 될 수 있기를 바랍니다.

경력이 쌓이면 자연스럽게 좋은 교사가 될 수 있을 것이라 생각했습니다. 하지만 여전히 좋은 교사가 되는 것은 어렵고 배워야 할 것들이 많습니다. 특히 연구회 활동을 하면서 교육에 대해 진지하게 고민하는 선생님들의 모습을 보며 스스로 많이 부족하다는 것을 느꼈습니다. 그리고 연구회 선생님들 덕분에 보다 나은 교사로, 현재에 머무르지 않는 교사로 성장할 수 있었습니다. 그동안 함께 연구하며 고민을 나눈 선생님들에게 감사의 인사를 전합니다.

통영 원평초등학교 교사 박다인

Epilogue_3

"함께는 행복입니다"

　　초등학교 현장 교사로서 반드시 전문성을 갖춰야 할 영역이 있다면 바로 평가라고 생각합니다. 경남초등교육평가연구회 소속 회원으로서, 연구회 선생님들과 평가 영역에 대해 깊이 있게 연구와 고민을 나눠보기 전까지는 학생들에게 지식과 정보, 덕목들을 효과적으로 전달하는 방법에 대해서만 관심을 가졌었습니다. 하지만 전달된 결과물들이 어떻게 학생들에게 받아들여졌는지, 어떤 확신을 갖춰 그들에게서 다시 산출되는지 알 수 없어 아쉬웠습니다.

　　솔직하게 말씀드리자면, '확신평가'라는 개념을 처음 접했을 때 사실 교사인 저부터 낯선 용어와 개념에 당혹스러웠습니다. 하지만 뜻이 맞는 선생님들과 함께 새로운 분야를 함께 탐구하고, 생각을 나누며, 산출물을 공유하던 기간들 속에 점점 제 마음에도 '확신'의 개념이 피어나기 시작했습니다. 그것은 학생들의 성장에 도움을 줄 수 있는 유의미한 평가 경험을 제공해 줄 수 있다는 확신이었습니다. '확신평가'를 통해 학생들의 유형을 파악하고, 그에 따른 개별 피드백을 제공해 주면서 평가는 교사와 학생 간의 일방향 소통 창구가 아니라, 서로 간의 쌍방향 소통 창구가 될 수 있음을 확실히 깨달을 수 있었습니다. 그리고 역시 낯선 평가 개념에 당황하던 학생들이 점차 확신평가에 익숙해지며, 스스로의 메타인지를 높여가는 모습들을 바라보는 것은 교사로서 느낄 수 있는 '행복'이었습니다. 저에게 교사로서의 '행복'을 선물해 주신 강동훈 선생님을 비롯한 경남 초등교육평가연구회 선생님들께 다시 한번 깊은 감사의 말씀을 전하고 싶습니다.

통영 벽방초등학교 교사 이경우

Epilogue_4

"함께는 나눔입니다"

지난 3년간의 경남초등평가연구회에서 함께한 시간들은 초등교 사로서 나 자신을 다시 한번 돌아보는 시간이 되었습니다. 연구회에 서 연구할 주제가 확신평가라 말을 들었을 때만 해도 '확신평가라... 이게 뭐지?'라는 생각으로 시작하였습니다. 너무나도 낯설고 국내에 서도 관련된 서적과 연구 논문이 없는 확신평가라는 주제에 대하여 3년 동안 연구회 회원들과 함께 확신 평가에 관한 연구를 하고, 각자 의 의견을 나누는 과정을 통해 확신평가에 대해 조금은 더 알게 되 었습니다. 그리고 확신평가의 적용 방법을 함께 생각하며, 각자의 방법을 적용을 해보고, 그 결과를 나누는 과정 속에서 의견을 나누 며 조금 더 나은 방법을 만들고자 하였습니다. 그리고 우리가 연구 한 확신평가의 결과를 확산을 하는 방법을 함께 고민을 통하여 이렇 게 나누는 방법을 정하여 보았습니다.

나는 적용한 결과를 나누는 과정을 통해 확신평가에 만족감은 조 금씩 높아져만 갔고, 특히 수·확·해 프로젝트를 통해 학생들 저마다

평가에 확신을 더하다

의 피드백을 해주며, 기초학력이 신장되는 모습을 경험한 것은 교직에서 잊을 수 없을 값진 경험이었습니다.

세상에는 가장 좋은 교육의 방법을 물어본다면 모든 사람마다의 대답은 다를 것입니다. 그만큼 다양한 교육의 방법이 존재하는 것입니다. 이와 마찬가지로 확신평가도 완벽한 평가의 방법은 아닐 것입니다. 다만 모든 선생님의 바람인 '학생들을 더 잘 가르치고 싶다'우리들 만의 바람을 담은 나눔이었습니다. 3년 동안 함께하며 나눈 연구회 선생님들께 감사의 말을 전하고 싶습니다.

통영 원량초등학교 교사 이승원

Epilogue_5

"함께는 확신입니다"

확신평가에 대해 처음 들었을 때에는 '늘 해오던 평가에 확신 정도만 추가로 표시하는 것이 큰 의미가 있을까?'라고 생각했습니다.

그러나 연구회 선생님들과 함께 확신평가를 공부하고 직접 적용해 보면서, 확신평가는 단순히 평가에 대한 확신 정도를 파악하는 것 이상의 의미가 있다는 것을 알게 되었습니다. 확신평가를 적용한 진단평가에서는 학생이 문항을 틀린 원인을 확신도를 바탕으로 분석하여 학생에게 필요한 피드백을 제공할 수 있었습니다. 그리고 확신평가를 적용한 영어 듣기 평가에서는 확신도를 자신감으로 바꾸어 학생들의 영어에 대한 자신감을 파악하고 자신감을 기르는 데 도움을 줄 수 있었습니다.

또한, 확신평가 문항을 제작하는 과정에서 학생이 배운 내용을 문항 속에 어떻게 녹여내면 좋을지 한 번 더 고민해보게 되었고, 학생의 평가 결과를 확인할 때는 결과 그 자체보다 학생의 사고 과정에 중점을 두게 되었습니다. 이러한 순간순간이 모여 성장하는 제 모습

평가에 확신을 더하다

을 보며, 확신평가에 대한 의심은 확신으로 변했고, 이 확신은 제가 더 열심히 확신평가를 연구하는 동기가 되었습니다.

확신평가는 교사의 목적과 학습자의 수준에 따라 얼마든지 다양한 방식으로 적용 가능하기에, 앞으로의 가능성 역시 무한하다고 생각합니다. 저희의 연구가 기점이 되어, 확신평가에 대한 연구와 적용이 계속 이어지기를 바랍니다. 그래서 제가 그러했듯, 많은 분들이 확신평가가 우리나라 교육 현장에서 활용될 가치가 충분하다는 '확신'을 가질 수 있기를 바라봅니다.

제가 '평가연구회'에 참여할 수 있도록, 또 교사로서 연구의 즐거움과 보람을 느낄 수 있도록 이끌어주신 강동훈 선생님께 감사드리며, 교육에 대한 열정과 반짝이는 아이디어를 보여주신 연구위원 선생님들께도 깊은 감사의 말씀을 전하고 싶습니다.

통영 진남초등학교 교사 표지현

Epilogue_6

"함께는 변화입니다"

3년의 연구 활동을 통해 제가 느낀 가장 큰 변화는 학생 한 명 한 명을 바라보는 저의 시각이 달라졌다는 것입니다. 매번 보여지는 점수로만 학생의 학업 성취 정도를 파악하고 지나가는 경우가 많았는데, 어느 순간 우리 반에도 늘 수학을 잘하는 학생, 자신감은 있지만 매번 틀리는 학생, 좋은 점수를 받으면서도 자신감이 없는 학생 등 다양한 유형의 학생들이 있다는 것이 눈에 보이기 시작했습니다. '이렇게 다양한 학생들에게 필요한 평가 방법은 무엇이며 어떻게 피드백을 주는 것이 가장 효과적일까'를 중점적으로 생각하며 평가연구회 선생님들과 함께 연구를 진행했습니다.

확신평가 연구는 기존에 없었던 새로운 평가 방법과 피드백에 대해 깊이 고민할 수 있었던 기회이면서도, 교육 현장에서 학생들을 가르치는 한 사람으로서 사명감을 느끼는 계기도 되었습니다. 교사가 제시하는 작은 피드백 하나도 학생의 삶에 큰 영향을 줄 수 있다는 것을 다시금 일깨우는 시간이었습니다. 저에게도 이러한 변화가

평가에 확신을 더하다

시작되었듯이, 아이들에게도 확신평가가 단순히 새로운 평가 방법이라는 의미를 넘어 학생들 스스로의 삶에 확신을 가질 수 있는 변화의 시작점이 되기를 바랍니다. 새로운 마음가짐으로 교직 생활에 임할 수 있게 함께 연구하고 많은 도움을 주셨던 연구회 선생님들께도 진심으로 감사드립니다.

통영 용남초등학교 교사 하수경